개정판

영재아 행동특성 평정척도

Scales for Rating the Behavioral Characteristics of Superior Students

Revised Edition

Joseph S. Renzulli · Linda H. Smith · Alan J. White
Carolyn M. Callahan · Robert K. Hartman · Karen L. Westberg 지음
이미순 옮김

박학사

Scales for Rating the Behavioral Characteristics of Superior Students—Revised
by Joseph S. Renzulli, Linda H. Smith, Alan J. White,
Carolyn M. Callahan, Robert K. Hartman, Karen L. Westberg

Translated and Adapted for use by Korean Educators by Mi-Soon Lee

Printed in Korea
ISBN 978-89-91633-31-5

Alexinia Baldwin
Susan Baum
Camilla Benbow
Deborah Burns
Carolyn Callahan
Barbara Clark
Pamela Clinkenbeard
Nicholas Colangelo
Dewey Cornell
Anne Crabbe
Bonnie Cramond
James Curry
Gary Davis

Merle Karnes
Felice Kaufmann
Joseph Khatena
Robert Kirschenbaum
Penny Kolloff
Ann McGreevy
Richard Olenchak
Paula Olszewski-Kubilius
Harry Passow
Michael Piechowski
Sylvia Rimm
Ann Robinson
Nancy Robinson

Marcia Delcourt
Linda Emerick
John Feldhusen
David Feldman
Jerry Flack
Mary Frasier
Francoys Gagné
James Gallagher
E. Jean Gubbins
Reva Jenkins Friedman
Lannie Kanevsky
Sandra Kaplan

Karen Rogers
Irving Sato
Gina Schack
Carol Schlichter
Bruce Shore
Elizabeth Smyth
Alane Starko
Robert Sternberg
Rena Subotnik
Paul Torrance
Donald Treffinger
James Webb

Alan White

역자 서문

1970년 초에 시행한 중학교 무시험진학과 고교평준화 제도에 따른 평등성 교육의 여파로 우수 인재양성에 소홀하다는 사회적 비판을 받게 되면서, 수월성 교육에 대한 관심이 증대되고 국가적으로 교육경쟁력을 강화하기 위해 영재교육 및 일반 학교에서의 수월성 교육을 제고하는 교육프로그램의 운영 필요성을 제기하게 되었다. 이에 교육인적자원부는(2004) "창의적 인재 양성을 위한 수월성 교육 종합대책"을 발표하였고, 2010년까지 전체 초중고생의 5%인 40만 명에 이르는 학생에게 수월성 교육을 추진할 예정임을 보고한 바 있다.

이에 우리나라도 사회 및 교육적으로 영재교육 관련 정책을 수립하고, 적극적으로 이를 추진하는 한편, 영재교육 이론과 실제에 관한 이해를 도모함으로써, 그간 영재교육이 소수의 학생만을 위한 "엘리트주의(Elitism)"라는 비난에서 벗어나 사회와 국가 발전에 이바지하는 "사회적 자본(Social Capital)"을 개발한다는 시각을 전개할 시점에 이르게 되었다.

이 책은 Renzulli, Smith, White, Callahan, Hartman, Westberg, Gavin, Reis, Siegle과 Systma(2002, 2004)의 『Scales for Rating the

Behavioral Characteristics of Superior Students－Revised Edition』을 번역한 것이다. 특히, Renzulli 박사는 미국 코네티컷 대학의 교육심리학과 교수였으며, 미국국립영재연구소의 소장으로 영재교육에 대한 많은 독창적인 이론을 제시하였다. 그 중 영재성의 세 고리 개념, 영재 판별모형 및 삼부심화학습 등은 우리나라에 소개된 이 후 많은 영재 교수-학습 프로그램의 이론적 토대를 제시하고 있다.

기존 영재교육에 관한 책들과 비교할 때, 이 책은 학교 현장에서 실제적으로 적용할 수 있는 지침과 방향을 구체적이며 융통적으로 소개한다. 이는 Renzulli 박사 및 그의 동료들이 오랫동안 이론과 실제를 학교 현장에 도입하고 적용하는 연구를 하였기 때문이다. 그러나 이 책에서 제시한 지침 및 방향을 그대로 우리나라 여건에 적용할 수 없으므로, 우리나라 실정에 맞는 영재교육 이론과 실제를 정착시키기 위한 영재교육 실무자, 즉 행정가, 교사 및 부모들의 노력과 열정을 기대한다.

일반적으로 학습, 동기, 창의성 및 리더십과 같은 재능지표는 학생의 능력과 밀접한 관계가 있다. 이에 본 책에서는 이들 재능영역을 평가하는 영재아 행동특성 평정척도 개정판(SRBCSS－R)의 개발과정 및 척도실시를 위한 지침과 결과해석을 소개한다. SRBCSS는 여러 하위척도로 구성되어 있으며, 각 척도는 학습, 동기, 창의성, 리더십, 미술, 음악, 드라마적 태도, 계획, 의사소통, 수학, 읽기, 과학 및 테크놀로지 분야에서 영재행동을 평가하여 교사들로 하여금 학생의 독특한 능력을 효과적으로 파악하게 한다.

코네티컷 대학에서 공부하는 중에 우리나라 영재교육에서 제일 필요한 사항이 무엇인지 고심하게 되었고, 교육 현장에서 영재를 지도하는 교사를 위한 자료가 부족하다는 현실을 접하게 되었다. 이상의 역자의 고심에 대해 Renzulli 박사는 흔쾌히 우리나라의 영재교육을 담당하는 교사를 위해 여러 권의 책을 우리나라 실정에 맞게 번역하고 수정할 수 있도록 배려해 주셨다. 이 자리를 빌어 Renzulli 박사의 지원과 격려에 감사드리고 싶다. 또한 여러 통계적인 용어에도 불구하고 꼼꼼하게 원고를 교정해준 고려대학교 김효정 선생님, 이 책의 출판을 허락해준 도서출판 박학사 사장님과 편집부에 진심어린 감사를 드리면서, 책에 어린 정성과 노력만큼 우리나라의 영재교육이 발전하길 기원한다.

2007년 5월

이미순

판별 체계에 대한 개인적 의견

지난 몇 년 동안 영재아 판별에 대해 수많은 질문을 받아오면서, 교사 평정척도를 개발하게 되었다. 그렇지만 완벽한 영재판별 도구나 방법은 없다. 여러 상황적 요인들—학교마다 다른 인구학적 특징 및 영재아에 대한 교육철학과 교육방법, 프로그램과 교육자원, 주마다 다른 지침—때문에 학교 및 학군마다 실정에 맞는 판별 시스템을 개발해야 한다. 시간 및 예산을 투자하여 학교와 학생의 실제 요구에 맞는 방법을 개발할 수 있도록 이론과 연구를 기획해야 한다.

본인이 개정 및 제안한 판별 시스템은 미국 내 학교는 물론 다른 나라에서도 사용될 수 있으며, 세 고리 영재 개념(Three Ring Conception of Giftedness)과 학교마다 다양한 상황적 요인을 고려한 연구를 통해 개발된 것이다. 본 판별 시스템은 지침서 부록 F에 수록되어 있으며, 지역상황에 적합하도록 수정하여 사용할 수 있다. 그러나 시스템의 근거가 되는 기본적인 원리・원칙을 유지하기 위해, 수정 시 시스템의 기본 원리를 반드시 살펴보아야 한다: 특별 프로그램을 실시하기 위해 학생을 선정할 때 테스트와 비테스트 정보의 동등한 활용, 심화학습 및 자료 사용이 용이해야 하며, 한 번의 평가로 그쳐서는 안 된다. "활동정보"(Action Information: Renzulli, 1986) 개념과 관련하여 살펴볼 때, 어린 학생들은 어느 때, 어느 상황에서도 그들의 잠재력을 보일 수 있으므로, 항상 추가적인 서비스가 필요하다. 학생에 맞게 조절 가능한 프로그램이 바로 진정한 프로그램이라 할 수 있다.

Joe Renzulli

Renzulli, J. S.(1986). The three-ring conception of giftedness: A developmental model for creative productivity. In R. J. Sternberg & J. Davidson (Eds.), *Conceptions of giftedness* (pp. 53-92). New York: Cambridge University Press.

저자 서문

『영재아 행동특성 평정척도(*The Scales for Rating the Behavioral Characteristics of Superior Students: SRBCSS*)』는 1976년에 Renzulli, Smith, Callahan과 Hartman에 의해 발행되었다. 본 저자는 *SRBCSS*를 개발하여 교사 및 다른 학교 관련자들로 하여금 영재의 특성을 평가하도록 돕는 데 그 목적을 두었다. 그 이후, 영재아 행동특성 평정척도는 미국 전역에서 폭넓게 사용되었으며(Davis & Rimm, 1994), 여러 언어로 번역되어 사용되었다(예: Kalantan, 1991; Srour, 1989; Subhi, 1997).

지난 20년간, 교사와 연구자들은 본 척도의 기술적인 질은 물론 잠재적인 사용 가능에 대해 연구를 하였다. 일부 사람들은 또한 항목에 대해 다른 반응 척도의 사용을 포함하여 행동특성 평정척도의 업데이트를 제안하였다. 이러한 조사연구들에 근거하여, 본 척도를 포괄적으로 개정하게 되었다. 본 지침서의 제1부는 개정판 행동특성 평정척도의 개발과정을 기술하고, 제2부는 척도 실시를 위한 지침에 관한 것이다(원본 *SRBCSS*에 관한 정보는 Renzulli와 그의 동료들의 1976년 지침서를 참조).

차 례

역자 서문 iv
판별 체계에 대한 개인적 의견 vii
저자 서문 ix

제1부 개정판 *SRBCSS*의 개발 ……………………………… 1

교사 판단도구에 대한 자료분석 1
개정척도 개발 9
내용 타당도 9
1차 현장 검증 절차와 결과 13
2차 현장 검증 절차 15
표본 절차 15
구인 타당도 17
신뢰도 Alpha 20
기준관련 타당도 21
평정자 간 신뢰도 22

제2부 개정판 *SRBCSS* 실시 ··········23

본 척도의 사용목적 23

척도 사용을 위한 지침 24

교사훈련 연습 26

결과 해석 27

끝 말 27

참고문헌 29

부록 ··········33

부록 A 2차 현장 검증본 35

부록 B 영재프로그램의 학생성취평정 척도 41

부록 C 영재아 행동특성 평정 척도 43

부록 D 교사평정연습 59

부록 E 지역규준 퍼센타일 순위 계산 65

부록 F 영재판별을 위한 실제적인 체계 69

참고문헌 81

표 차 례

〈표 1〉 교사 판단측정치 구인타당도 요약 2
〈표 2〉 교사 판단측정치 기준관련 타당도 요약 4
〈표 3〉 영재아 행동특성에 대한 교사판단을 위한
전문가 평정양식 11
〈표 4〉 사교회전 분석의
개정판 *SRBCSS* 요인 부하량 매트릭스 18
〈표 5〉 사교회전에 의해 추출된 요인 간 상호상관 매트릭스 20

제 1 부

개정판 *SRBCSS*의 개발

다음은 원본 『*Scales for Rating the Behavioral Characteristics of Superior Students*(*SRBCSS*)』의 항목을 개정하는 데 사용한 절차 및 개정판에 대한 현장검증 방법에 대해 설명할 것이다. 또한 개정판 *SRBCSS*의 신뢰도, 타당도 분석 결과도 함께 제시할 것이다.

교사 판단도구에 대한 자료분석

먼저, 영재의 특성을 측정하기 위해 개발된 교사 판단도구를 자료분석하면서, 개정과정을 시작하였다. 교사 판단도구 특히, *SRBCSS*에 관련된 타당도와 신뢰도 문제를 좀 더 살펴봄은 물론, 부가적으로 고려해야 할 행동특성이 있는지 결정하기 위해 연구보고서를 검토하였다. 교사 판단도구들은 또래, 부모 및 활동 평가와 같은 여러 독립적인 변수를 포함함으로써, 여러 목적으로 사용되었다(예: Harty, Adkins, & Sherwood, 1984; Singer, Houtz, & Rosenfield, 1992). 그러나 영재의

〈표 1〉 교사 판단측정치 구인타당도 요약 (계속)

출처	학년	*N*	도구	절차	결과	비고
Burke, Haworth, & Ware (1982)	5–6	368	*SRBCSS:* Learning, Motivation, Creativity, & Leadership	Factor Analysis (PCA)	5 factors emerged; Learning accounted for largest % of variance. 5th factor was labeled "resistance."	Authors suggest breaking up compound items & removing scale headings. Generalizability threatened because high–achieving students comprised sample.
Busse, Dahme, Wagner, & Wierczerkowski (1986)	9–10	Amer., 446 Ger., 434	83–Item teacher rating questionnaire	Factor Analysis (PCA)	5 factors for American sample (intelligent, self–centered/neurotic, dynamic/popular, creative, achievement motivated); 7 factors for German sample.	Authors believed results conform quite well to Renzulli's scales. Artistically & academically gifted were in the sample. American factors accounted for 45.6% of the variance.

〈표 1〉 교사 판단측정치 구인타당도 요약

Gridley (1984)	3–4	152	*SRBCSS:* Learning, Motivation, Creativity, & Leadership	Confirmatory Factor Analysis (LISREL)	4 factor solution; the 4th was labeled "nonconformity." High correlation among the factors (.55–.87).	Explanations: 4 constructs underlie first 3 scales, items are related to more than 1 construct, or labeling of scales cause "response set."
Lowrance & Anderson (1977)	1–5	192	*SRBCSS:* Learning, Motivation, Creativity, & Leadership	Factor Analysis (PCA)	2 factors emerged, accounting for 87.6% of the variance.	Statistical tables for PCA weren't shown.
Perrone & Chen (1982)	11–12	67	Male/Perrone GIFTS Instrument	Cluster Analysis (CLUSTAN)— teacher, parents, & students completed the scales.	6 clusters: divergent, goal orientation, task persistency, intraceptive, social awareness, & social effectiveness.	Authors believe this instrument should be used to supplement traditional identification measures & to identify areas for affective programming. FA would provide more information.

〈표 2〉 교사 판단측정치 기준관련 타당도 요약 (계속)

출처	학년	*N*	판단 측정	기준 측정	절차	결과	비고
Argulewicz, Elliot, & Hall (1982)	1–6	525	*SRBCSS:* Learning, Motivation, Creativity, & Leadership	Minimum P97 on intelligence test & P96 on achievement test	Comparisons of differences (MANOVA) in ratings of Anglo–Amer. & Mex.–Amer. gifted children.	Significant differences between groups on Learning & Motivation ratings ($p < .05$).	Possible explanations: Mex. children exhibit fewer learning & motivation behavior, ethnic bias of raters, or *SRBCSS* lacks validity for culturally different.
Ashman & Vukelich (1983)	K–5	183	*SRBCSS* & 3 forms of a 26–item behavioral rating scale (A, B, C)	125 + Otis Lennon	11 teachers completed all 4 instruments (random order). Effectiveness and efficiency were compared. Multiple R with 4 forms & Otis Lennon.	*SRBCSS* was most effective, but time–consuming. Small amount of variation on Otis was accounted for by 4 forms. No regression tables.	Authors recommend Form C, which is similar to *SRBCSS*. IQ criterion problem.
Borland (1978)	3–6	195	Teacher rating scale in Middletown, NJ	CTMM & ITBS	Pearson correlation & multiple correlation of 2 ratings w/ CTMM & ITBS.	Significant, moderate, positive correlations.	Study supported the use of ratings. Regression tables weren't shown.

〈표 2〉 교사 판단측정치 기준관련 타당도 요약 (계속)

Cummings (1980)	K–6	204	31–item Cummings Checklist of Characteristics (CC)	WISC–R or Stanford–Binet & CA MGM criteria for identifying gifted	Examined how CC discriminated (Chi–square & DFA) between (1) gifted & non–gifted (2) test identified gifted (TIG) & non–test identified gifted (NTIG).	8 CC items discriminated gifted & non–gifted. No items discriminated TIG & NTIG.	No validity or reliability information reported for the CC. Tables w/ statistical results and probability levels were not provided.
Elliot, Argulewicz, & Turco (1986)	3–6	402	*SRBCSS:* Learning, Motivation, Creativity, & Planning	Stanford Achievement Test, WISC–R or Stanford–Binet	Regression analysis for 3 groups: Anglo, mid/high SES; Anglo, low SES; & Hispanic, low SES (all of whom were in gifted programs).	In general, Hispanic ratings accounted for greatest variation in SAT Reading & Anglo, mid/high SES ratings accounted for greatest variation in SAT Math. Minimum correlation between IQ & *SRBCSS*.	Homogeneity of subjects' achievement limits generalizability. *SRBCSS* may have value for identifying gifted Hispanic students.
Glassnapp, Kros, Issac, Hitz, & Carlton (1981)	K–5	68	32–item teacher rating instrument	Groups: gifted (WISC–R > 125) & non–gifted	Factor analysis was done on the instrument & was used with non–verbal tasks to predict group membership (DFA).	Teacher ratings alone weren't significant. When combined w/ non–verbal tasks, 89% of gifted and 84% of the non–gifted ($p < .05$) were correctly classified.	IQ criterion & small *N*: *p* ratio limits meaningfulness. No literature support for items.

〈표 2〉 교사 판단측정치 기준관련 타당도 요약 (계속)

출처	학년	N	판단 측정	기준 측정	절차	결과	비고
Hunter & Lowe (1978)	4–5	34	*SRBCSS:* Learning, Motivation, Creativity, & Leadership	120+ WISC–R	Regression analysis included. Otis & ITBS w/*SRBCSS* to predict WISC–R.	Multiple $R = .65$. Variance at each step was not reported.	Small sample size is a limitation. IQ criterion problem.
Karnes, Chauvin, & Trant (1984)	9–12	199	H. S. Personality Questionnaire: Leadership Potential Scores	Groups: Elected leaders & non-elected students in g/t high school.	DFA	Small variance (6.6%) in groups was accounted for by factor 1: tenderminded, sensitive, & overprotected.	Meaningfulness is limited because students were homogeneous in achievement.
Kysilka, Ferguson, Wiles, Johene, & Jean (1979)	Elem.	126	Annehurst Curriculum Classification System (ACCS): 6 categories	*SRBCSS:* Learning, Motivation, Creativity, & Leadership	6 categories of ACCS were paired and correlated w/ the 4 *SRBCSS*.	Pearson correlations were moderate & significant ($p < .05$).	Weakness in sampling & data collection. Multiple regression would make results more meaningful.

〈표 2〉 교사 판단측정치 기준관련 타당도 요약

Lowrance & Anderson (1977)	1–5	192	*SRBCSS:* Learning, Motivation, Creativity, & Leadership. WISC– R: 10 subscales	Groups: gifted & non–gifted Placement("university decision")	DFA	WISC–R subscales & first 3 *SRBCSS* were significant predictors of group membership.	Criteria for gifted placement wasn't defined or explained. Perhaps predictors and criterion were the same?
Mayfield (1979)	3	573, 94% Mex. – Amer.	Teacher ratings and rankings (Q–Sort) of intelligence, achievement, & creativity	TTCT, CTBS, & CAT	Pearson correlation of teacher ratings & rankings w/ criterion measures.	Most correlations significant, but coefficients were not provided. Correlation of creativity ratings & rankings w/ TTCT were not significant.	Multiple regression should have been used. Teacher ratings were of overall intelligence, achievement, & creativity.
Rust & Lose (1980)	1–7	109	*SRBCSS:* Learning, Motivation, Creativity, & Leadership	130+ WISC–R	Regression included 10 predictors; Slosson & *SRBCSS* were primary ones.	*SRBCSS* did not significantly add to the equation.	Complete statistical tables aren't shown. IQ criterion problem.
Swenson (1978)	4–6	90	Teacher generated checklist of creative behavior for disadvantaged	Stanford Achievement Test & TTCT	Correlation	r= .39 w/SAT ($p <$ .001) r= .08 w/TTCT (ns)	Content validity concern (i.e., experts would not agree that items assess creativity).

행동을 평가하기 위해 개발된 교사 판단도구는 매우 드물며 소수의 연구만이 *SRBCSS*의 기술적인 면에 대해 연구를 했을 뿐이다.

교사 판단도구의 구인 타당도(Construct Validity)와 기준관련 타당도(Criterion-Related Validity)를 조사한 연구들도 드물다. 연구자들은 도구 개발자의 주장을 지지하기 위해 구인 타당도를—도구가 가설적인 구인을 측정한다—조사하였다. 비록 구인 타당도를 제공하는 방법들이 좋더라도, 한 번에 모든 문제를 해결하는 방법은 없다(Popham, 1995, p. 53). 〈표 1〉은 교사 판단도구의 구인 타당도를 조사한 연구의 요약이다. 제시된 바와 같이, 일부 연구들은 4개의 *SRBCSS* 척도(학습, 창의성, 동기, 그리고 리더십)의 구인을 조사하기 위해 주 요인 분석(Principal components analysis) 혹은 확인적 요인 분석(Confirmatory factor analysis)을 사용한 결과, 4개 또는 5개의 요인을 밝혀냈다.

교사 판단도구가 어느 정도 학생의 성취를 예언하는지 조사하기 위해 외적인 기준-대개 표준화된 지능검사-과 비교하였다. 〈표 2〉는 기준관련 타당도 연구에서 교사 판단도구를 예언변수(Predictor)로 사용한 연구의 요약이다.

〈표 2〉에서 볼 수 있듯이, 많은 연구자들은 지능검사를 교사 판단도구의 기준관련 타당도를 지지하는 데 사용하였다. 여러 연구자들(예: Renzulli & Delcourt, 1986)에 의하면, 지능검사를 사용해서 교사 판단도구의 타당성을 연구하는 것은 논리적 추론을 얻을 수 없다. 만일 학생의 지능검사에서의 성취를 예언하기 위해 교사 평정을 사용한다면, 교사 평정을 위한 원리는 무엇이며 왜 두 번째가 지능검사인가? 영재프로그램이나 학문적 성공에서 볼 수 있는 학생의 성취는 교사 판단도구의 기준관련 타당도를 지지하는 보다 좋은 기준이다(Feldhusen, Asher, & Hoover, 1984; Renzulli & Delcourt, 1986).

개정척도 개발

원본 *SRBCSS*에 네 가지 유형의 수정을 하였다. 첫째, 원본의 척도에서 합성된 항목을 제거하였다. 예를 들어, 원본 학습항목 중에 “또래나 학년 수준에 비해 진보된 어휘를 가진다”를 “언어를 사용할 때 풍부한 표현, 정교성 및 유창성을 보인다”는 방식으로 바꾸었다. 둘째, 중성 대명사를 사용하기 위해 항목을 다시 기술하였다. 셋째, 다른 교사 판별 도구에서 연구 지지를 받는 항목을 새롭게 추가하였다. 예를 들어, Glassnapp, Kros, Isaac, Hitz와 Carlton(1981)의 연구 실험에 근거하여, “장시간 집중할 수 있는 능력”을 동기항목에 첨가하였다. 넷째, 구문적인 일관성을 위해 원본 항목들을 약간씩 다시 기술하였다: “학생들은 다음의 특징을 보인다.” 위의 네 가지 수정을 한 후에, 도구를 현장 검증하기 위해 잠정적으로 56개의 항목을 선정하였다.

항목 수정 외에, 개정판에서는 반응 포맷을 바꾸었다. 일부 교사나 전문가들이 점수 간격마다 있을 차이를 4점으로 생각하지 않아서, 원본의 4점 반응 척도(1 = 전혀 아니다, 2 = 때때로 그렇다, 3 = 상당히 그렇다, 4 = 항상 그렇다)에 불만을 표시하였다. 예를 들어, “전혀 아니다”와 “때때로 그렇다” 간의 척도간격을 “때때로 그렇다”와 “상당히 그렇다”의 척도 간격과 다르다고 생각하였다. 그러므로 개정판에서는 6점 척도를 사용하였다: 1 = 전혀 아니다, 2 = 매우 드물다, 3 = 드물다, 4 = 때때로 그렇다, 5 = 자주 그렇다, 6 = 항상 그렇다.

내용 타당도(Content Validity)

내용 타당도는 어느 정도 의도된 내용영역에서 적절하게 항목을 선정했는지에 관한 것이다(Cronbach, 1971). 문헌 분석에서 내용 타당도를 시작한 한편, 도구의 내용 타당도를 일차적으로 지지하기 위해, *Experts' Rating Form for Teacher Judgment of Behavioral Characteristics of Superior Students*(〈표 3〉 참조)를 개발하였다. 56개 항목의 조작적, 개념적 정의 간의 관계를 조사하기 위해 60명의 영재교육 전문가에게 *Experts' Rating Form*을 발송하였다. 전문가들은 각 항목이 해당되는 범주(인지, 창의성, 동기, 리더십)와 그 항목들이 얼마나 범주에 부합되는지(1 = 매우 확실, 2 = 꽤 확실, 3 = 매우 불확실)를 표시하였다. 전문가가 어떤 특징도 범주에 부합되지 않는 것으로 생각했다면, 그 이유를 설명하였다. 60명 중 53명이 평정 후 재발송해 주었고 51명이 본 척도의 전문가로서 참여할 수 있어 기쁘다는 카드를 보내왔다.

〈표 3〉은 각 범주별 56개 항목의 선택 퍼센트와 평균 강도 평정(Mean Strength Rating)을 비롯한 전문가 평정척도의 요약이다. 현장검증에서 항목을 선정한 기준은 다음과 같다: (1) 범주에 대한 70% 이상의 전문가의 동의 (2) 1.75 이상의 평균 강도 평정.

〈표 3〉에서 볼 수 있듯이, 15개의 항목은 1.75 평균 강도 기준에서 70% 미만의 일치도를 보였으므로 도구에서 이들 항목을 제외하였다. 이 전 범주에 없었지만, 전문가의 70% 이상의 일치를 얻은 4개의 항목(항목 2, 22, 23, 그리고 39)을 도구의 현장검증 개정판에 포함하였다. 41개의 기존 항목에 16개의 새로운 항목을 첨가하였고 60명의 전문가 중 11명에게 부가적인 평정을 요청하기 위해 수정한 *Expert's Rating Form*을 보냈다. 전과 같이, 전문가들은 각 항목이 부합된다고 믿는 개념적 정의 및 얼마나 부합되는지 정도를 표시하였다. 이들 평정결과를 조사한 후에 13개의 새로운 항목을 첨가하여, 총 54개 항목의 도구 개정판을 현장검증의 목적으로 전국의 교사들에게 발송하였다.

〈표 3〉 영재아 행동특성에 대한 교사판단을 위한 전문가 평정양식

범주		개념적 정의
I.	인지	지식을 지각하고 획득하는 능력을 반영하는 행동들
II.	창의성	독창성, 신기함 및 독특한 아이디어나 산물을 산출하는 능력을 반영하는 행동들
III.	동기	문제나 과제에 계속 에너지를 투입하는 능력을 반영하는 행동들
IV.	리더십	다른 사람의 행동을 지시하거나 안내하는 능력을 반영하는 행동들
V.	기타	

항목(Items)	전문가가 선택한 범주 퍼센트 (이전의 범주는 밑줄)					평균강도 평정 (3점 척도)
학생이 다음의 행동을 보인다.	I	II	III	IV	V	
1. 많은 주제에 대해 지적 호기심이 있다.	67	19	14	0	0	1.49
2. 책임감이 있어 자기에게 주어진 활동을 책임 있게 잘 수행한다.	0	0	72	21	4	1.50
3. 오랜 시간 한 주제에 집중한다.	13	0	81	0	6	1.43
4. 믿는 것에 대해서 완강하다.	4	23	23	9	42	1.81
5. 상상력이 풍부하다.	2	96	0	0	2	1.25
6. 나이나 학년에 비해 높은 수준의 어휘를 사용한다.	96	2	0	0	2	1.26
7. 목표를 달성할 때까지 끈기를 보인다.	2	0	96	2	0	1.23
8. 사건, 사물과 사람에 대해 유사점과 차이점을 알아내서 일반화한다.	87	6	0	6	0	1.26
9. 무질서한 것을 기꺼이 수용한다.	2	79	2	2	15	1.37
10. 주위에 사람이 있는 것을 좋아한다; 사교성.	0	0	2	87	11	1.74
11. 다양한 주제에 대해 많은 정보를 가지고 있다.	96	2	0	0	2	1.14
12. 예민한 유머감각이 있다.	9	72	6	4	11	1.63
13. 독립적으로 독서하는데 흥미가 있다.	67	2	17	0	8	1.52
14. 친구들이 좋아한다.	0	0	0	90	10	1.46
15. 자신의 생각을 명확하게 표현하여 잘 전달한다.	21	0	0	74	6	1.49
16. 사실에 입각한 정보를 잘 기억한다.	98	0	0	0	2	1.15

문항						
17. 아름답고 미학적인 사물의 특징에 민감하다.	0	91	2	0	8	1.32
18. 어떤 과제에 실패했을 때도 끈기 있게 끝까지 하려고 한다.	2	4	94	0	0	1.02
19. 정서적으로 민감하다.	0	60	0	18	22	1.88
20. 모험심이 있어 위험도 무릅쓴다.	0	85	6	2	8	1.42
21. 친구들과 상호작용할 때 자신감이 있다.	0	2	0	89	8	1.32
22. 표현을 잘 하고, 정교하고 유창하게 말을 잘 한다.	22	71	0	0	4	1.42
23. 어른들이 관심을 갖는 종교, 정치, 인종 및 윤리 등과 같은 주제에 흥미가 있다.	79	0	9	6	6	1.36
24. 인과관계를 통찰한다.	87	8	2	2	2	1.25
25. 자유롭게 의견을 표현한다.	4	62	0	8	27	1.76
26. 활동과 프로젝트의 최종목적 및 결과물을 잘 찾아내고 정의를 내린다.	13	8	26	43	9	1.75
27. 자기가 관여하는 일에서 활동을 주도한다.	2	4	4	89	2	1.23
28. 반복적인 과제를 지겨워한다.	15	62	13	0	9	1.77
29. 남이 우습지 않은 상황에서도 유머를 찾는다.	8	79	2	2	9	1.64
30. 완벽하려고 한다.	15	0	32	0	45	1.80
31. 예민하고 통찰적으로 관찰을 한다.	76	24	0	0	0	1.43
32. 도발적인 질문행동을 보인다(정보 및 사실을 묻는 질문과 구분되는)	25	68	0	0	8	1.49
33. 다양한 주제에 대해 많은 정보를 가지고 있다.	96	2	0	0	2	1.15
34. 교사 및 학생들과 협동하여 활동한다.	0	0	2	71	27	1.60
35. 어떤 주제나 문제에 집중하여 몰두한다.	10	12	72	2	4	1.30
36. 어떤 문제나 질문이 있을 때, 아이디어 및 해결책을 많이 생각해낸다.	6	82	8	0	0	1.17
37. 추상적인 개념을 잘 다룬다.	83	17	0	0	0	1.16
38. 기본 원리를 파악한다.	96	4	0	0	0	1.09
39. 비허구적인 독서자료를 선호한다(전기적, 자서전, 참고서적 등).	71	2	8	8	19	1.53
40. 기발하고 독특하며 재치 있는 반응을 보인다.	6	94	0	0	0	1.17
41. 대상, 생각, 제도 및 체계를 수정・향상・적용하는 데 관심이 있다.	9	74	6	9	0	1.06
42. 성역할 고정개념을 따르지 않는다.	2	53	4	8	33	1.68

43. 다른 방식으로 생각한다.	8	92	0	0	0	1.30
44. 교사의 지시를 받지 않고 독립적으로 행동한다.	4	4	79	4	10	1.41
45. 분석적 유추능력을 사용하여 복잡한 내용을 이해하려고 노력한다.	87	0	11	0	2	1.32
46. 여러 교육과정 외 혹은 교육과정과 관련 있는 활동에 참여한다.	2	0	19	48	31	1.63
47. 다른 사람의 주제에 대해서도 목적과 우선시 해야 할 것을 잘 찾아내고 정의를 내린다.	6	0	2	85	8	1.42
48. 처음에 흥미를 느끼는 일은 외부로부터의 동기유발이 없이도 자기 혼자 잘한다.	0	0	98	2	0	1.26
49. 자기 주장이 강하다(심지어 공격적일 정도로).	0	4	8	44	44	1.85
50. 사물, 사람 및 상황을 체계적으로 조직한다.	10	6	4	80	0	1.42
51. 비판적으로 조사하지 않고서는 권위적인 결정을 받아들이지 않는다.	23	40	2	15	19	1.80
52. 지적인 놀이를 하며 공상, 상상하기를 좋아한다.	4	92	2	0	2	1.19
53. 비동조적이며 자신이 다른 사람과 다르다는 것을 두려워하지 않는다.	0	85	2	2	11	1.25
54. 한 상황에서 배운 것을 다른 상황에 전이할 수 있다.	75	24	2	0	0	1.31
55. 이유와 방법을 찾아내려고 한다.	61	25	12	0	0	1.44
56. 독립적으로 활동하는 것을 선호한다.	6	25	54	0	15	1.66

주의: 일부 항목에 Missing data가 있으며, 반올림하여 범주별 합산 퍼센트가 100%가 안 되는 경우도 있음.

1차 현장 검증 절차와 결과

석사 이상의 학위를 소지하였거나, 직접적인 영재교육 경험을 가진 유치원부터 12학년까지의 교사에게 54개 항목으로 구성된 본 평정도구를 실시하도록 요청하였다. 체계적이고 무작위 표본추출 방식을 사용하여 평정할 학생을 선정하였다. 교사는 한 반에 4명만 평정하였다. 학급 출석부에서 3학년과 8학년생 여자와 남자를 선정하였다. 이러한 방식으로 학생을 선정함으로써, 반응에 더 큰 변산도—주요인 분석에서 주요하게 고려되는—가 있을 것으로 기대하였다. 평정척도를 하는 것 외에, 교사는 5점 척도를 사용하여 학생의 일반적인 학문 성취수준을 표시하였다(1 = 상, 2 = 상중, 3 = 중, 4 = 하중, 5 = 하).

현장검증에서 교사는 유치원에서부터 12학년에 걸쳐 921명 학생을 평정하였고, 이들 학생 대부분은 3~6학년이었다(513명). 일반적인 학문 성취수준 평정과 관련해, 교사들은 239명을 상으로, 262명을 중상으로, 238명을 중, 108명을 하중, 그리고 70명을 하로 평정하였다. 성취수준은 4개의 평정에서 제외되었다.

개정판 *SRBCSS* 평정에 대해 주요인 분석을 실시한 결과, 추출된 4개의 요인이 변량(variance)의 72%를 설명하는 것으로 나타났다. 46개의 항목이 첫 번째 요인에 .40 그 이상으로 부하되었으므로, 그 결과가 불만족스러운 것으로 생각되었다. 가상적인 이유는 다음과 같다. 첫째, 출석부에서 학생을 무선적으로 선정했음에도 불구하고, 교사는 어떤 이유에서 일반적인 성취에서 "상중"이나 "상"인 학생을 대부분 평정해서 항목의 표준편차가 적은(.6 이하) 것으로 나타났다. 둘째, 유사한 사회경제적 환경의 학생을 많이 선정하였다. 예를 들어, 학생의 64%는 중간 규모의, 중산층 지역사회에서 살고 있으며, 94%가 백인이었다. 셋째, 표집 학생 대부분은 3~6학년생으로, 요인분석을 실시했을 때 학년수준의 차이가 있었다. 그러므로 표집에서 열세 살의 연령 범위는 너무 크다는 결론이 나온다. 편중된 표본과 구인 타당도 면에서 수용할 수 없다고 판단되었으므로 증거들을 바탕으로, 2차 현장 검증에서는 표본절차 외에 몇 가지 항목을 수정하였다.

2차 현장 검증 절차

1차 현장 검증에서 나온 주요인 분석의 부하량(loading)을 조사한 후, 일부 학습 항목을 제외하고 일부 동기항목을 추가하였다. 그 결과, 2차 검증을 위해 43개의 항목을 구성하였다(13개 학습, 11개 창의성, 11개 동기, 그리고 8개 리더십)(다음의 구인 타당도 섹션에서 기술한 바처럼 후에 이들 항목 중 5개를 제외하였다). 항목 수정 외에, 몇 가지 절차도 또한 바꿔 실시하였다. 원본 *SRBCSS*가 발간된 이래, 항목 위에 있는 학습, 창의성, 동기 등의 머리말이 어느 정도 척도를 평정하는데 영향을 줄 수 있다는 제안을 받았다. 이 문제를 다루기 위해, 2차 현장 검증에서는 2개의 다른 형식의 개정척도를 사용했다. 첫째 형식은 항목 위에 머리말이 있으나 둘째 형식은 머리말이 없고 항목을 분산시켰다. 2개 형식에 대한 추후 주요인 분석에 의하면, 2개의 version이 각자 설명하는 변량이 비슷하였다. 비록 초기 요인구조가 약간 더 좋았지만(예를 들어, 머리말이 없는 형식에서 항목들이 추측적인(선험적인) 요인에 더 근접하여 부하된다), 전반적인 타당도와 신뢰도는 머리말이 있는 version에서 더 강한 것으로 나타났다. 그러므로 개정판 *SRBCSS*에서는 첫 번째 형식을 사용하여 자료를 수집하고 결과를 분석하였다(부록 A).

표본 절차

정규 혹은 영재교육에 풍부한 경험이 있거나 석사 이상의 학위를 가진 교육자들이 2차 현장검증 연구에 참여하였다. 이들 교육자(19명)들은 다음의 주 지역에서 영재교육 전문가 혹은 행정가로 활동하고 있다: 앨라배마, 캘리포니아, 플로리다, 루이지애나, 매사추세츠, 미시간, 뉴

햄프셔, 뉴욕, 온타리오, 펜실베이니아, 사우스캐롤라이나, 워싱턴. 가을에 중간 연락을 담당한 사람을 통해서, 3~12학년 교사가 학생에 대한 인구학적 정보는 물론 개정판 *SRBCSS*를 사용해서 평균 이상의 학생을 평정하도록 의뢰하였다. 중간 연락을 담당하는 사람은 교사들이 "평균이상"의 개념을 다음과 같은 정의에 근거하도록 지시하였다. (a) 표준화된 검사(전체 점수)에서 70% 이상의 성취를 보이는 학생, (b) 대부분의 표준화된 검사의 하위 영역에서 70% 이상의 성취를 보이는 학생, (c) 학과목에서 주로 A나 B를 받는 학생. 그 외에 연락을 담당한 사람은 교사들을 격려하여 능력 면에서 평균이상이라고 생각되지만 위의 기준에 맞지 않는 학생도 평가하도록 하였다.

이상의 지침 결과, 머리말이 있는 척도의 버전을 572명의 학생에게 실시하였다(268명 남자, 303명 여자, 1명 무응답). 성에 따른 전체 개정판 *SRBCSS* 평정 점수에는 유의한 차이가 없었다($t = -.177$, $df = 568$, $p > .05$). 본 척도는 3학년에서 12학년의 학생에게 실시되었다: 명수는 각 학년별로 67, 105, 106, 51, 39, 59, 53, 24, 57, 10이다. 변량분석 결과 학년수준별 차이가 있었으나($F_{(9, 5600)} = 5.212$, $p < .01$), Scheffé 사후 검증결과 단지 10학년과 4개의 다른 학년에서만 차이가 있는 것으로 나타났다. 단지 3명의 교사가 10학년 학생의 평정을 끝까지 하였고 다른 학년의 평균보다 유의하게 높게 평정되었다. 서로 비교할 때 유의한 차이가 없었으므로($p > .05$) 10학년 평정들은 예외적인 것으로 보였다. 비록 대다수의 표본이 백인이지만, 이것은 일반적인 인구학적 비율을 나타내는 것이다. 572명의 학생 평정 중에 309명이 지역 영재교육 프로그램을 받는 학생인 것으로 나타났다.

두 개 하위 표본에 대해 부가적인 평가를 실시하였다. 도구 평정자간 일치도를 산출하기 위해, 첫 번째 하위표본은 두 명의 교사평정을 받은 Junior High School 학생(65명)이고 두 번째 하위표본은 3~12학년의 학생들(87명)로, 영재교육 전문가들이 이들을 대상으로 *Rating Student Performance in a Gifted Program*(*RSP/GP*: 부록 B)을 실시하여 개정판 *SRBCSS*의 기준관련 타당도를 제공하였다.

구인 타당도

판단적(judgmentally)으로 개발된 범주와 실험적(empirically)으로 도출한 구인 간의 관계를 조사하기 위해 탐색적 요인분석(exploratory principal component analysis)을 실시하였다. 항목 간 상호관계의 가설검증에 대해 Gable과 Wolf(1993)는 다음과 같이 설명하고 있다.

> 도출된 구인은 문헌검토와 내용타당도 과정에서 초점이 되는 범주들이 조작적 정의를 따르는지 이론적으로 예측함으로써 조사할 수 있다. 따라서 어떤 의미에서, 확인적(confirmatory) 속성을 보이는 요인들을 지지할 목적으로 요인 분석을 실시한다(p. 106).

본 연구는 SPSS-X를 사용하여 주요인 분석을 실시하였다(SPSS, 1988). 고유값(Eigenvalue)을 산출하기 위해 Kaiser의 기준을 사용하여(Eigenvalue > 1.0), 4개의 요인이 추출되었다. 요인 부하를 검토한 후, 요인 구조를 향상하기 위해 5개 항목을 제거하였다(항목 5, 12, 17, 22와 43). 최종적으로 38개의 항목으로 구성된 4개의 요인은 71%의 변량을 설명하였다: 11개 항목은 학습, 9개는 창의성, 11개는 동기, 그리고 7개는 리더십. 배리멕스(varimax)와 사교회전(oblique rotation) 방법은 유사한 요인 구조 및 항목 부하량을 산출하였다. 〈표 4〉는 사교회전의 요인 패턴 매트릭스이다.

4개의 요인에 부하된 38개의 항목은 개념적으로 타당하며, 본 연구

〈표 4〉 사교회전 분석의 개정판 *SRBCSS* 요인 부하량 매트릭스(*N*=572)

항목		I	II	III	IV	V
요인 1: 학습(Learning)						
7.	논리적으로 추론하여 복잡한 문제를 이해한다.	.89				
4.	기본 원리를 파악한다.	.87				
9.	추상적인 개념을 잘 다룬다.	.86				
6.	인과관계를 통찰한다.	.84				
2.	사건, 사물과 사람에 대해 유사점과 차이점을 알아내서 일반화한다.	.82				
11.	예민하고 통찰적으로 관찰을 한다.	.79				
1.	나이나 학년에 비해 높은 수준의 어휘를 사용한다.	.77				
8.	다양한 주제에 대해 많은 정보를 가지고 있다.	.68				
3.	어떤 특별한 주제에 관해 많은 정보를 가지고 있다.	.65				
13.	한 상황에서 배운 것을 다른 상황에 전이할 수 있다.	.65				
10.	사실에 입각한 정보를 잘 기억한다.	.65				
요인 2: 창의성(Creativity)						
14.	상상력이 풍부하다.	.48	.48			
19.	어떤 문제나 질문이 있을 때, 아이디어 및 해결책을 많이 생각해낸다.	.42	.39			
20.	남이 우습지 않은 상황에서도 유머를 찾는다.		.80			
23.	지적인 놀이를 하며 공상, 상상하기를 좋아한다.		.77			
24.	비동조적이며 자신이 다른 사람과 다르다는 것을 두려워하지 않는다.		.77			
18.	모험심이 있어 위험도 무릅쓴다.		.73			
15.	유머감각이 있다.		.70			
16.	기발하고 독특하며 재치 있는 반응을 보인다.	.31	.66			
21.	어떤 사물이나 자신의 생각을 적절하게 바꾸어 개선하거나 수정한다.	.36	.38			
요인 3: 리더십(Leadership)						
37.	친구들이 존중해 준다.			.87		

39. 친구들과 상호작용할 때 자신감이 있다.	.33	.76		
41. 다른 사람과 협동하여 함께 잘 지낸다.		.76		
40. 사물, 사람 및 상황을 체계적으로 조직한다.		.69		
38. 자신의 생각을 명확하게 표현하여 잘 전달한다.		.63		
42. 자기가 관여하는 일에서 활동을 주도한다.	.31	.61		
36. 책임감이 있어 자기에게 주어진 활동을 책임 있게 잘 수행한다.		.45	.57	
요인 4: 동기(Motivation)				
33. 흥미가 있을 땐, 장시간을 요하는 과제라도 붙들고 끝까지 한다.				.90
32. 어떤 주제나 문제에 집중하여 몰두한다.				.89
31. 흥미 있는 주제나 문제를 끝까지 완성하려고 한다.				.88
34. 목표를 달성할 때까지 끈기를 보인다.				.87
27. 어떤 주제나 문제에 지속적으로 흥미를 보인다.				.81
29. 어떤 과제에 실패했을 때도 끈기 있게 끝까지 하려고 한다.				.79
28. 자신이 흥미 있는 주제에 관한 정보를 찾을 때 끈기를 보인다.				.79
35. 처음에 흥미를 느끼는 일은 외부로부터의 동기유발이 없이도 자기 혼자 잘 한다.				.79
25. 오랜 시간 한 주제에 집중한다.				.76
30. 자신이 노력해서 생긴 결과에 책임지는 것을 좋아한다.				.72
26. 교사의 지시를 받지 않고 독립적으로 행동한다.			.35	.63

참고: 요인 부하량이 .30 이상만 수록.

에선 4개의 요인을 각자 학습, 창의성, 동기, 그리고 리더십으로 지칭하였다. 학습요인을 정의하는 항목은 학생이 보일 여러 학습행동을 기술한다. 이 요인에서 높게 평정된 학생은 추상성 등과 같은 학습에 기초가 되는 원칙을 파악하는 능력이 높다. 창의성 요인을 정의하는 항목은 어느 정도 다양한 창의성 특징을 보이는지 기술한다. 이 영역에서 높게 평정된 학생은 많은 아이디어(유창성), 독특한 아이디어(독창성), 그리고 상상이나 조작적 생각을 잘하는 등의 특성을 보인다. 〈표

〈표 5〉 사교회전에 의해 추출된 요인간 상호상관 매트릭스(N=572)

	요인 1	요인 2	요인 3	요인 4
요인 1: 학습	1.00			
요인 2: 창의성	.46	1.00		
요인 3: 리더십	.26	.25	1.00	
요인 4: 동기	-.55	-.25	-.48	1.00

4〉에 기술한 바와 같이, 실험적으로 추출된 요인을 구성하는 항목은 이전의 4개 요인의 항목과 거의 유사하다.

3개의 항목에서 미미한 차이가 발견되었다. 항목 14와 19는 요인 1(학습)과 요인 2(창의성)에 부하되었고 항목 36은 요인 4(동기)와 요인 3(리더십)에 부하되었는데, 이것은 리더십 항목으로 판정되었다.

요컨대, 도출된 요인은 판단적인(judgmental) 요인과 거의 동일하며 척도의 구인타당도를 강하게 지지한다. 〈표 5〉는 요인 간 상관 매트릭스이다. 이들 상관이 나타내는 바와 같이, 요인들은 상대적으로 배타적이다. 부록 C는 최종 개정판 *SRBCSS* 도구의 예이다.

신뢰도 Alpha

주요인 분석에서 도출된 4개의 요인에 대한 신뢰도 Cronbach alpha는 다음과 같다. 학습, 창의성, 동기, 그리고 리더십에 대한 신뢰도 alpha 계수는 r= .91, r= .84, r= .90, 그리고 r= .87이다. 전체 도구의 신뢰도 alpha는 r= .97이다. 이들 계수들에 기초할 때 본 도구는 내적 일관성(Internal Consistency)을 갖는다.

기준관련 타당도

이전에 언급한 바와 같이, 영재교육전문가들로 하여금 *Rating Students Performance in a Gifted Program* 도구를 실시하도록 하여, 개정판 *SRBCSS*의 예언타당도를 지지하는 데 사용하였다(Renzulli & Westberg, 1991). 이 도구는(부록 B) “올 해 이 학생은 훌륭한 프로젝트를 수행하였다”와 같은 10개의 항목으로 구성되어 있다. 5점 반응척도를 사용하여, 교사는 이 특정 학생에게서 볼 수 있는 행동 정도를 평가하였다. *RSP/GP* 도구의 현장연구에서, 3개 주의 영재교육 전문가는 1학년에서 9학년까지 433명 학생의 성취를 평가하였다. 학생들은 여러 달 동안 영재교육 프로그램에 참여하였다. 이 자료를 주요인 분석한 결과 한 개의 요인이 도출되었고 변량의 68.8%를 설명하며 신뢰도 alpha는 $r = .95$로 나타났다.

개정판 *SRBCSS*의 현장검증연구에서, 영재교육 전문가는 봄에 *RSP/GP* 도구를 하위 학생표본(87명)을 대상으로 실시하고, 이들 학생의 교사는 가을에 개정판 *SRBCSS*을 실시하였다. *RSP/GP*에 대해 주요인 분석을 실시한 결과, 한 개의 요인이 도출되었다. 이 도구의 신뢰도 alpha는 $r = .94$ 이상으로 내적 일관성을 보였다.

개정판 *SRBCSS*과 *Rating Student Performance in a Gifted Program*의 Pearson 상관관계를 산출한 결과, $r = .40$의 적절한(moderate) 상관이 나타났다. 상관관계 외에, *RSP/GP*의 전체 점수와 표준화된 성취검사 점수를 독립변수로 개정판 *SRBCSS* 평정을 종속변수로 하여 단계적 투입방식에 의한 회귀분석(stepwise regression analysis)을 실시하였다. 각 변수의 투입 단계에 대한 토러런스(tolerance) 수준은 $p < .01$로 설정되었다. 회귀분석 결과, 개정판 *SRBCSS* 평정을 단계 1에 투입했을 때, $p < .001$에서 Multiple *R*은 .42이며, 변량의 17.6%를 설명하

였다. 성취검사 점수를 여기에 투입하지 않았고, 따라서 다중 상관을 크게 증가시키지 않았다. 즉, 개정판 *SRBCSS* 평정은 *RSP/GP*에서 측정된 영재프로그램에서의 성공을 예측하는 유의한 변수로 나타났다.

평정자 간 신뢰도

개정판 *SRBCSS*의 평정자 간 신뢰도를 계산하기 위해 2개의 절차를 사용하였다. 이미 언급한 바와 같이, 서로 다른 교과영역에서(수학교사와 언어교사 혹은 사회과목 교사와 언어교사) 2명의 교사가 중학교와 Junior High School 학생(65명)의 하위 표본을 대상으로 평정을 실시하였다. 대부분 학생은 수학교사와 언어교사의 평정을 받았다. 우선, 2명 교사의 평균 전체 평정 간의 Pearson 상관계수는 $r = .50$이였다($p < .01$). 이 상관이 적절하지만, 다른 교과영역 교사는 학생의 다른 행동을 관찰할 수 있다는 점을 고려하는 것이 바람직하다. 2개 평정 간 상관관계를 산출한 것 외에, 두 평정 간 학습 내 상관계수도 산출하였다. 이 상관계수 역시 적절한 수준이지만, 다른 교과영역 교사가, 예를 들어, 수학과 언어교사, 학생마다 어떤 다른 행동특성을 관찰 할 수 있었다는 점을 생각하면 꽤 높은 편이다.

제 2 부

개정판 *SRBCSS—R* 실시

다음은 개정판 영재아 행동특성 평정척도(*Scales for Rating the Behavioral Characteristics of Superior Students-R: SRBCSS-R*) 실시와 해석에 대한 내용으로 본 척도의 사용목적, 사용지침은 물론 교사훈련과 어떻게 지역 규준을 만들지에 대해 살펴볼 것이다. 대부분 학군들은 원본 *SRBCSS*를 잘못 사용해 왔기 때문에, 이에 대한 분명한 사용법을 제시할 것이다. 해석 시 타당도를 높이기 위해, 본 척도를 실시하는 사람은 소정의 절차를 준수해야 한다.

본 척도의 사용목적

영재아 행동특성 평정척도(*SRBCSS-R*)는 여러 목적에서 사용할 수 있다. 일차적으로 학생을 판별할 때 사용함은 물론, 학생의 강점을 파악하고 종합재능기록표(Total Talent Portfolio, Purcell & Renzulli, 1998) 같은 문서에 결과를 기록할 수 있다. 또한 여러 중재 프로그램의 효과 연구 목적으로도 사용할 수 있다. 그러나 주된 목적은 영재교육 서비스를 받을 학생을 판별하고 선정하는 것이다. 주마다 규정이 다양하기 때문에 판별계획은 광범위하다. 그럼에도 불구하고, 대부분의 학군은 교사의 도움을 요청하기 때문에, 개정판 *SRBCSS*는 판별 시 비테스트 정보를 제공할 수 있는 것이다.

영재 프로그램의 지침 원리는 판별과정에서 선정할 학생의 교육적 경험과 직접적으로 관계가 있어야 된다는 것이다. 이러한 이유로 인해, 도구 실시자들은 프로그램 목적과 관련된 판별척도를 선택해야 한다. 만일 특정 프로그램에 학생을 선별할 때, 적절한 정보를 제공할 척도를 주의 깊게 고려하지 않는다면, 학교관계자들은 많은 시간과 노력을 낭비하게 될 것이다. 많은 학생을 대상으로 본 척도를 실시하도록 요구하는 것은 무리이며 인위적인 결과를 가져올 것이다. 일반적으로 3개 혹은 4개의 척도(개정된 것)는 대부분의 영재프로그램과 서비스의 목적과 일관되지만, 교사는 특정 프로그램의 목적을 고려할 때, 다른 7개의 척도 행동들을 고려해야 한다.

척도 사용을 위한 지침

지침 1: 판별한 학생이 참여할 프로그램의 유형을 고려한다. 예를 들어, 학생의 학습과 창의성을 개발하기 위한 프로그램을 제공하고자 할 때, 학습과 창의성 척도사용을 고려해야 한다. 수학 속진 프로그램에서 창의성 척도를 실시하는 것이 부적절할 수 있다. 특히, 심화 프로그램의 기저가 되는 세 고리 영재 개념(Three Ring Conception)을 고려해서, 개정판 *SRBCSS*를 실시해야 한다. 더 자세한 판별시스템에 대한 설명은 이 지침서의 영역 밖이므로, 『Schoolwide Enrichment Model』(Renzulli & Reis, 1997)과 『A Practical System for Identifying Gifted and Talented Students』(Renzulli, 1990) 등의 판별 절차에 관한 책을 참고하길 바란다.

지침 2: 각 척도를 분리해서 실시한다. 전체 점수를 환산하기 위해 척도별 점수를 더하지 말라. 개정판 *SRBCSS*의 척도 차원(dimension)들은 상당히 다른 행동특성을 나타내므로, 사용자는 척도를 따로 분리해서 분석해야 한다. 전체 점수로 인해 학생의 독특한 장점이 간과될 수 있다. 각 척도는 학생의 독특한 강점을 살펴볼 수 있는 기회를 제공하므로, 각 척도에서 높은 점수를 받은 영역을 고려해서 교육기회를 제공해야 한다. 예를 들어, 동기에서 높은 척도 점수를 얻었다면, 자기 주도적인 독립조사연구 기회를 제공하는 프로그램이 효과적이다. 리더십에서 높은 점수를 얻었다면, 활동을 조직할 기회를 제공해야 한다.

판별의 목적을 위해 개별 척도 점수를 고려하는 것 외에, 교사는 개별항목을 분석함으로써 부가적으로 학생의 능력과 특징을 통찰할 수 있다. 행동 특성들 간의 차이는 학생이 선호하는 학습방법 및 스타일과 같은 교육경험을 제안하기 때문에 이에 대해 주의를 기울여야 한다. 따라서 항목들을 주의 깊게 분석함으로써 교사는 학생마다 개별화된 프로그램(individualized program)을 보다 쉽게 개발할 수 있다.

지침 3: 각 척도별 항목의 수를 줄여서 수정하거나 생략하지 말라. 척도의 항목을 수정하거나 제외하면 신뢰도가 낮아진다. 예를 들어, 현장연구에서 리더십 3개의 항목만(항목 1, 3, 5) 사용했을 때, 신뢰도 alpha는 $r=.87$에서 $r=.62$로 낮아졌다. 항목의 수를 줄이는 것은 지름길처럼 보이지만 실상은 잘못된 장소로 가도록 할 뿐이다.

교사훈련 연습

교사평정의 신뢰도를 높이고 개정판 *SRBCSS*에서 볼 수 있는 핵심 개념과 특정한 행동에 대한 이해를 돕기 위해, 교사와 행정가들이 The Teacher Training Exercise of *SRBCSS-R*(부록 D)을 실시할 것을 제안하였다.

우선, 개정판 *SRBCSS*에 친숙하지 않다면, 실제 척도의 복사본을 주고 실제 평정과정이 훈련연습과 다르다는 것을 주지시킨다. 첫 번째 훈련연습은 개정판 *SRBCSS* 척도별 항목과 핵심 개념을 매칭(matching) 하는 것이다. 한 번에 한 척도로 연습할 수도 있고 4개 척도 모두 할 수도 있다. 자신이 한 것과 다른 사람이 한 것을 비교하여 차이점을 찾아본다. 대개 반응마다 얼마간의 차이가 있으므로 각 항목에 대한 정확한 대답은 없다. 훈련 참석자마다 일치하지 않을 수도 있음을 염두에 두고 소그룹으로 훈련한 다음 활동에서 이 항목에 특별한 관심을 기울인다.

두 번째 5명에서 10명 정도의 소그룹 활동이다. 개인적으로 활동하면서, 각 참석자들은 각 척도 항목의 좋은 예가 될 만한 학생의 행동을 목록으로 작성한다. 참석자를 격려해서 실제 학생의 행동을 생각해 보도록 한다. 각 그룹 참석자는 그 후에 자신의 목록에 대해 이야기하고 각 척도 항목의 가장 적절한 행동을 한두 개 선택한다. 전체적으로 다시 모여, 각 하위그룹은 자신의 그룹이 뽑은 행동을 발표하며, 그룹별로 토론하고 비교할 수 있도록 격려한다.

결과 해석

개정판 *SRBCSS* 척도를 실시한 후, 교사나 제 삼자가 각 항목별 점수를 계산한다. 만일 특별 학교에서 프로그램이나 서비스 목적으로 본 척도를 사용하였다면, 지역 규준을 개발해야 한다(예로, 각 학생은 다른 학생과 비교할 수 있도록 % 순위 등). **본 정보가 부적절할 수 있으므로 개정판 *SRBCSS* 는 전국 규준을 제시하지 않았다.** 학군마다 심지어 같은 학군 내 학교마다 인구 분포가 다르다. 표준화된 검사처럼 학생을 전국 수준에서 비교할 수 있는 규준화된(normed) 도구들과는 달리, 개정판 *SRBCSS* 는 일차적으로 지역 참조 집단 내에서 학생들에게 접근하는 방식으로 개발되었다. 게다가, 학군의 인구학적 특징과 상관없이, 척도에서 가장 높게 평정된 학생들은 다른 학생에게 제공되는 교육과정 이상의 것을 필요로 하므로, **지역 규준을 산출하는 것은 아무리 강조해도 지나치지 않는다.**

지역규준을 산출－퍼센타일 순위－하는 단계는 부록 E에 기술하였다. 퍼센타일 순위는 비교 집단 내에서 학생이 어떤 위치에 있는지를 나타낸다. 예를 들어, 85% 순위는 실시한 척도에서 85%의 다른 학생보다 보다 높게 평정되었다는 뜻이다.

끝 말

영재프로그램을 받을 학생을 선정할 때 교사의 정보는 매우 중요하다. 개정판 *SRBCSS* 를 통해 보다 구조화되고 표준화된 방식으로 정보를 얻을 수 있다. 그러나 테스트 점수가 주는 정보처럼 각 척도별 점수는 완벽하게 신뢰롭지는 않으며 학생행동에 대한 보다 객관적인 정보가 요구될 때 사용될 수 있다. 평정은 학생 행동에 대한 완벽하고 결정적인 정보는 아니다. 이런 이유로 인해, 테스트 점수처럼, 개정판 *SRBCSS* 평정은 특별프로그램을 실시하기 위해 학생을 선정하는 유일한 기준은 아니며 여기서 나온 정보를 다른 정보와 함께 사용해야한다. 기억해야 할 것은 영재프로그램을 받을 학생을 판별하는 것이 가장 중요한 문제가 아니라는 것이다. 오히려 이들 학생의 교육적 요구를 충족시킬 서비스를 개발하는 것이 무엇보다 중요하다. Shore, Cornell, Robinson과 Ward(1991)가 말한 바와 같이, "일단 입학했으면, 입학기준이나 점수보다는 항상 성취가 중요하다"(p. 55).

참고문헌

Argulewicz, E. N., Elliot, S. N., & Hall, R. (1982). Comparison of behavioral ratings of Anglo-American and Mexican-American gifted children. *Psychology in the Schools, 19*, 469-472.

Ashman, S. S., & Vukelich, C. (1983). The effect of different types of nomination forms on teachers' identification of gifted children. *Psychology in the Schools, 20*, 518-527.

Borland, J. (1978). Teacher identification of the gifted: A new look. *Journal for the Education of the Gifted, 2*, 22-32.

Burke, J. P., Haworth, C. E., & Ware, W. B. (1982). Scales for Rating the Behavioral Characteristics of Superior Students: An investigation of factor structure. *Journal of Special Education, 16*, 477-485.

Busse, T. V., Dahme, G., Wagner, H., & Wieczerkowski, H. (1986). Factors underlying teacher perceptions of highly gifted students: A cross-cultural study. *Educational and Psychological Measurement, 46*, 905-915.

Cronbach, L. J. (1971). Test validation. In R. L. Thorndike (Ed.), *Educational measurement* (2nd ed.). Washington, DC: American Council in Education.

Cummings, W. B. (1980). *Cummings checklist of characteristics of gifted and talented children*. Philadelphia, PA: Annual International Convention of the Council for Exceptional Children. (ERIC Document Reproduction Service No. ED 187 065)

Davis, G. A., & Rimm, S. B. (1994). *Education of the gifted and talented* (3rd ed.). Boston: Allyn & Bacon.

Elliot, S. N., Argulewicz, E. N., & Turco, T. L. (1986). Predictive validity of the Scales for Rating the Behavioral Characteristics of Superior Students for gifted children from three sociocultural groups. *Journal of Experimental Education, 55*, 27-32.

Feldhusen, J. F., Asher, J. W., & Hoover, S. M. (1984). Problems in the identification of giftedness, talent, or ability. *Gifted Child Quarterly, 28*, 149-151.

Friedman, T. C., & Murphy, D. L. (1992). *Assessing the construct validity of the Scales for Rating the Behavioral Characteristics of Superior Students.* Unpublished manuscript. University of Kansas.

Gable, R. K., & Wolf, M. B. (1993). *Instrument development in the affective domain: Measuring attitudes and values in corporate and school settings* (2nd ed.). Boston: Kluwer Academic Publications.

Glassnapp, D. R., Kros, D. S., Isaac, R., Hitz, J., & Carlton, R. (1981). *Use of discriminate analysis in the identification of gifted students.* NY: Annual International Convention of the Council for Exceptional Children. (ERIC Document Reproduction Service No. ED 209 823)

Gridley, B. E. (1984). Construct validity of the Scales for Rating the Behavioral Characteristics of Superior Students: A confirmatory factor analysis. *Dissertation Abstracts International, 45,* 3307-A. (University Microfilms No. DA8425154)

Harty, H., Adkins, D. M., & Sherwood, R. D. (1984). Predictability of giftedness identification indices for two recognized approaches to elementary school gifted education. *Journal of Educational Research, 77,* 337-342.

Hunter, J. A., & Lowe, J. D. (1978). The use of the WISC-R, Otis, Iowa, and SRBCSS in identifying gifted elementary children. *Southern Journal of Educational Research, 12,* 59-65.

Kalantan, A. R. (1991). *The effects of inservice training on Bahraini teachers'perceptions of giftedness.* Unpublished doctoral dissertation. University of Connecticut.

Karnes, F. A., Chauvin, J. D., & Trant, T. J. (1984). Leadership profiles as determined by the HSPQ of students identified as intellectually gifted. *Roeper Review, 7,* 46-48.

Kysilka, M. L., Ferguson, M., Wiles, M., Johene, S. M., & Jean, S. M. (1979). *A preliminary study to determine the validity of the Annehurst Curriculum Classification System as a means of identifying gifted/talented students.* San Francisco: American Educational Research Association. (ERIC Document Reproduction Service No. ED 173 985)

Lowrance, D., & Anderson, H. M. (1977). *Intercorrelation of the WISC-R and the Renzulli-Hartman scale for determination of gifted placement.* Atlanta,

GA: Annual International Convention of the Council for Exceptional Children. (ERIC Document Reproduction Service No. ED 139 140)

Mayfield, B. (1979). Teacher perception of creativity, intelligence, and achievement. *Gifted Child Quarterly*, *23*, 812-817.

Nitko, A. J. (1996). *Educational assessment of students* (2nd ed.). New York: Merrill/Prentice Hall.

Perrone, P., & Chen, F. (1982). Toward the development of an identification instrument for the gifted. *Roeper Review*, *5*, 45-48.

Popham, W. J. (1995). *Classroom assessment: What teachers need to know*. Boston: Allyn and Bacon.

Purcell, J. H., & Renzulli, J. S. (1998). *The total talent portfolio*. Mansfield Center, CT: Creative Learning Press.

Renzulli, J. S. (1990). A practical system for identifying gifted and talented students. *Early Childhood Development*, *63*, 9-18. (Also available on-line at http://www.sp.uconn.edu/~nrcgt/sem/semart04.html.)

Renzulli, J. S., Smith, L. H., White, A. J., Callahan, C. M., & Hartman, R. K. (1976). *Scales for rating the behavioral characteristics of superior students*. Mansfield Center, CT: Creative Learning Press, Inc.

Renzulli, J. S., & Delcourt, M. A. B. (1986). The legacy and logic of research on the identification of gifted persons. *Gifted Child Quarterly*, *30*, 20-23.

Renzulli, J. S., & Reis, S. M. (1997). *The schoolwide enrichment model* (2nd ed.). Mansfield Center, CT: Creative Learning Press.

Renzulli, J. S., & Westberg, K. L. (1991). *Rating student performance in a gifted program*. Unpublished instrument. The National Research Center on the Gifted and Talented, University of Connecticut.

Rust, J. D., & Lose, B. D. (1980). Screening for giftedness with the Slosson and the Scales for Rating the Behavioral Characteristics of Superior Students. *Psychology in the Schools*, *17*, 446-451.

Singer, E. M., Houtz, J. C., & Rosenfield, S. (1992). Teacher-identified characteristics of successful gifted students: A delphi study. *Educational Research Quarterly*, *15*(3), 5-15.

Shore, B. M., Cornell, D. G., Robinson, A., & Ward, V. S. (1991). *Recommen-*

ded practices in gifted education: A critical analysis. NY: Teachers College Press.

SPSS Inc. (1988). *SPSS-X user's guide*. Chicago: Author.

Srour, N. H. (1989). *An analysis of teacher judgment in the identification of gifted Jordanian students*. Unpublished doctoral dissertation, University of Connecticut.

Subhi, T. (1997). Who is gifted? A computerised identification procedure. *High Ability Students*, *8*(2), 189–211.

Swenson, E. V. (1978). Teacher-assessment of creative behavior in disadvantaged children. *Gifted Child Quarterly, 22*, 338–343.

부록

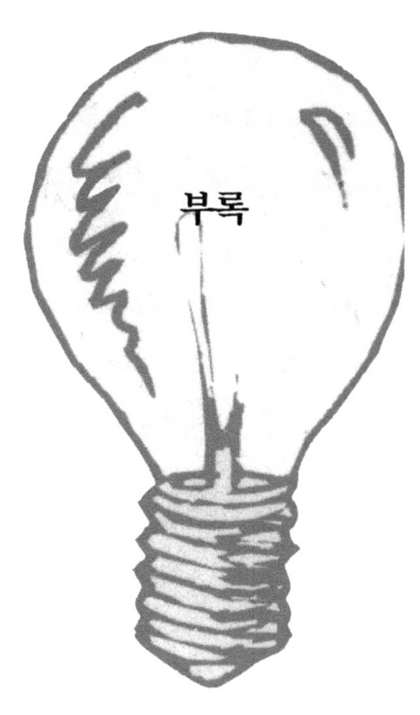

2차 현장 검증본

학생특성에 대한 교사판단 척도
(Teacher Judgment of Student Characteristics)

영재아 행동특성 평정척도
(Scales for rating the behavioral characteristics of superior students)의 개정판

Directions: 본 척도는 학습, 동기, 창의성, 리더십 영역에서 학생의 행동 특성을 평가하기 위한 것으로 항목은 각 행동을 어느 정도 관찰할 수 있는지에 대한 빈도수를 반영합니다. 본 척도를 실시한 교사와 학생에 대해 엄격한 관리 유지를 통해 비밀을 보장하여야 합니다. 협조해 주신데 대해 매우 감사드립니다.

Instructions: 선생님께서 문항을 읽고, 학생의 행동특성을 어느 정도 볼 수 있는지 해당되는 난에 동그라미 해주십시오.

전혀 아니다	매우 드물다	드물다	때때로 그렇다	자주 그렇다	항상 그렇다
1	2	3	4	5	6

학생 이름(학생 번호) ______________________________

학습 특성

○○는 다음의 행동을 보인다.

1.	나이나 학년에 비해 높은 수준의 어휘를 사용한다.	1	2	3	4	5	6
2.	사건, 사물과 사람에 대해 유사점과 차이점을 알아내서 일반화한다.	1	2	3	4	5	6
3.	어떤 특별한 주제에 관해 많은 정보를 가지고 있다.	1	2	3	4	5	6
4.	기본 원리를 파악한다.	1	2	3	4	5	6
5.	어른들이 관심을 갖는 종교, 정치, 인종 및 윤리 등과 같은 주제에 흥미가 있다.	1	2	3	4	5	6
6.	인과관계를 통찰한다.	1	2	3	4	5	6
7.	논리적으로 추론하여 복잡한 문제를 이해한다.	1	2	3	4	5	6
8.	다양한 주제에 대해 많은 정보를 가지고 있다.	1	2	3	4	5	6
9	추상적인 개념을 잘 다룬다.	1	2	3	4	5	6
10.	사실에 입각한 정보를 잘 기억한다.	1	2	3	4	5	6
11.	예민하고 통찰적으로 관찰을 한다.	1	2	3	4	5	6
12.	다른 사람의 주제에 대해서도 목적과 우선시해야 할 것을 잘 찾아내고 정의를 내린다.	1	2	3	4	5	6
13.	한 상황에서 배운 것을 다른 상황에 전이할 수 있다.	1	2	3	4	5	6

전혀 아니다	매우 드물다	드물다	때때로 그렇다	자주 그렇다	항상 그렇다
1	2	3	4	5	6

창의적 특성

○○는 다음의 행동을 보인다.

14. 상상력이 풍부하다.	1	2	3	4	5	6
15. 유머감각이 있다.	1	2	3	4	5	6
16. 기발하고 독특하며 재치 있는 반응을 보인다.	1	2	3	4	5	6
17. 아름답고 미학적인 사물의 특징에 민감하다.	1	2	3	4	5	6
18. 모험심이 있어 위험도 무릅쓴다.	1	2	3	4	5	6
19. 어떤 문제나 질문이 있을 때, 아이디어 및 해결책을 많이 생각해낸다.	1	2	3	4	5	6
20. 남이 우습지 않은 상황에서도 유머를 찾는다.	1	2	3	4	5	6
21. 어떤 사물이나 자신의 생각을 적절하게 바꾸어 개선하거나 수정한다.	1	2	3	4	5	6
22. 다른 방식으로 생각한다.	1	2	3	4	5	6
23. 지적인 놀이를 하며 공상, 상상하기를 좋아한다.	1	2	3	4	5	6
24. 비동조적이며 자신이 다른 사람과 다르다는 것을 두려워하지 않는다.	1	2	3	4	5	6

전혀 아니다	매우 드물다	드물다	때때로 그렇다	자주 그렇다	항상 그렇다
1	2	3	4	5	6

동기적 특성

○○는 다음의 행동을 보인다.

25. 오랜 시간 한 주제에 집중한다.	1	2	3	4	5	6
26. 교사의 지시를 받지 않고 독립적으로 행동한다.	1	2	3	4	5	6
27. 어떤 주제나 문제에 지속적으로 흥미를 보인다.	1	2	3	4	5	6
28. 자신이 흥미 있는 주제에 관한 정보를 찾을 때 끈기를 보인다.	1	2	3	4	5	6
29. 어떤 과제에 실패했을 때도 끈기 있게 끝까지 하려고 한다.	1	2	3	4	5	6
30. 자신이 노력해서 생긴 결과에 책임지는 것을 좋아한다.	1	2	3	4	5	6
31. 흥미 있는 주제나 문제를 끝까지 완성하려고 한다.	1	2	3	4	5	6
32. 어떤 주제나 문제에 집중하여 몰두한다.	1	2	3	4	5	6
33. 흥미가 있을 때는, 장시간을 요하는 과제라도 붙들고 끝까지 한다.	1	2	3	4	5	6
34. 목표를 달성할 때까지 끈기를 보인다.	1	2	3	4	5	6
35. 처음에 흥미를 느끼는 일은 외부로부터의 동기유발이 없이도 자기 혼자 잘 한다.	1	2	3	4	5	6

전혀 아니다	매우 드물다	드물다	때때로 그렇다	자주 그렇다	항상 그렇다
1	2	3	4	5	6

리더십 특성

○○는 다음의 행동을 보인다.

36. 책임감이 있어 자기에게 주어진 활동을 책임 있게 잘 수행한다.	1	2	3	4	5	6
37. 친구들이 존중해 준다.	1	2	3	4	5	6
38. 자신의 생각을 명확하게 표현하여 잘 전달한다.	1	2	3	4	5	6
39. 친구들과 상호작용할 때 자신감이 있다.	1	2	3	4	5	6
40. 사물, 사람 및 상황을 체계적으로 조직한다.	1	2	3	4	5	6
41. 다른 사람과 협동하여 함께 잘 지낸다.	1	2	3	4	5	6
42. 자기가 관여하는 일에서 활동을 주도한다.	1	2	3	4	5	6
43. 표현을 잘 하고, 정교하고 유창하게 말을 잘 한다.	1	2	3	4	5	6

감사드립니다!

영재프로그램의 학생성취평정 척도

J. S. Renzulli & K. L. Westberg
The University of Connecticut, 1991

Directions: 본 척도는 학기동안, 영재교육 프로그램에 참가한 학생에 대한 교사평정을 위한 것입니다. 다음 항목을 잘 읽고 실시해 주시기 바랍니다.

Instructions: 선생님께서 문항을 읽고, 학생의 행동특성을 어느 정도 볼 수 있는지 해당되는 난에 동그라미 해 주십시오.

전혀 아니다	매우 조금 그렇다	조금 그렇다	중간이다	매우 그렇다	아주 매우 그렇다
0	1	2	3	4	5

학생 이름(학생 번호) ______________________________ 학년 __________

올 해, ○○는 이렇게 하였다.

1.	영재교육 프로그램에 열의를 갖고 열심히 참여한다.	0	1	2	3	4	5
2.	효과적으로 창의성과 창의적인 문제해결능력을 사용한다.	0	1	2	3	4	5
3.	집단 토론 시 기여하여 아이디어나 정보를 제공한다.	0	1	2	3	4	5
4.	효과적으로 비판적 사고능력을 사용한다.	0	1	2	3	4	5
5.	매우 훌륭한 결과물을 만든다.	0	1	2	3	4	5
6.	도전적인 활동을 추구한다.	0	1	2	3	4	5
7.	효과적으로 문어적 · 구어적 혹은 시각적으로 의사소통을 한다.	0	1	2	3	4	5
8.	긍정적인 방법으로 상호작용한다.	0	1	2	3	4	5
9.	문제를 해결하는 데 적절한 연구방법을 사용한다.	0	1	2	3	4	5
10.	전반적으로 영재프로그램에 성공적으로 참여한다.	0	1	2	3	4	5

영재아 행동특성 평정 척도

Joseph, S. Renzulli / Linda, H. Smith / Alan J. White / Carolyn, M. Callahan / Robert K. Hartman / Karen L. Westberg

Directions: 본 척도는 학습, 동기, 창의성, 리더십, 미술, 음악, 드라마, 의사소통, 그리고 계획 영역에서 학생들의 행동 특성을 평가하기 위한 것으로, 각 항목에서 볼 수 있는 내용은 영재아의 행동특성에 관한 연구문헌에 근거하고 있습니다. 학생마다 개인차가 있으므로 서로 많이 다를 수 있습니다. 본 척도의 항목을 따로 분리해서 고려해야 하며 여러분이 어느 정도로 다음의 행동특성을 볼 수 있는지 표시해야 합니다. 행동별로 10개의 차원이 있으므로, 점수 또한 따로 계산하여야 하며, 전체 점수를 산출할 수는 없습니다. 그 외에 본 도구는 전국 규준을 제공하지 않으므로, 만일 지역규준을 만들고자 하면, 학교와 학년 수준에서 하여야 합니다.

다음의 항목을 잘 읽고 각 행동특성을 어느 정도 관찰할 수 있는지 상응하는 빈도수에 X표 해주십시오. 각 항목은 처음에 "학생은 다음의 행동을 보인다"로 시작합니다.

점수계산

- "전체 칼럼점수(Column Total)"를 산출하려면 칼럼별로 X표 한 개수를 더한다.
- "가중치 전체칼럼(Weighted Column Total)"을 산출하려면 칼럼별로 "전체 칼럼점수"에 "가중치(weight)"를 곱셈한다.
- 각 척도 차원 점수를 산출하려면 "가중치 전체칼럼" 점수를 더한다.
- 아래에 각 점수를 적는다.

I	**학습 특성**	________
II	**창의적 특성**	________
III	**동기적 특성**	________
IV	**리더십 특성**	________
V	**미술적 특성**	________
VI	**음악적 특성**	________
VII	**드라마적 특성**	________
VIII	**의사소통 특성(정확성)**	________
IX	**의사소통 특성(표현력)**	________
X	**계획 특성**	________
XI	**수학적 특성**	________
XII	**과학적 특성**	________
XIII	**읽기 특성**	________
XIV	**테크놀로지 특성**	________

학습 특성

○○는 다음의 행동을 보인다.	전혀	매우 드물게	드물게	때때로	자주	항상
1. 나이나 학년에 비해 높은 수준의 어휘를 사용한다.	☐	☐	☐	☐	☐	☐
2. 사건, 사물과 사람에 대해 유사점과 차이점을 알아내서 일반화한다.	☐	☐	☐	☐	☐	☐
3. 어떤 특별한 주제에 관해 많은 정보를 가지고 있다.	☐	☐	☐	☐	☐	☐
4. 기본 원리를 파악한다.	☐	☐	☐	☐	☐	☐
5. 인과관계를 통찰한다.	☐	☐	☐	☐	☐	☐
6. 논리적으로 추론하여 복잡한 문제를 이해한다	☐	☐	☐	☐	☐	☐
7. 다양한 주제에 대해 많은 정보를 가지고 있다.	☐	☐	☐	☐	☐	☐
8. 추상적인 개념을 잘 다룬다.	☐	☐	☐	☐	☐	☐
9. 사실에 입각한 정보를 잘 기억한다.	☐	☐	☐	☐	☐	☐
10. 예민하고 통찰적으로 관찰을 한다.	☐	☐	☐	☐	☐	☐
11. 한 상황에서 배운 것을 다른 상황에 전이할 수 있다.	☐	☐	☐	☐	☐	☐
칼럼 점수 더하기	☐	☐	☐	☐	☐	☐
가중치 곱하기	1	2	3	4	5	6
가중치가 부가된 칼럼 점수 더하기	☐ +	☐ +	☐ +	☐ +	☐ +	☐
총점						☐

창의적 특성

○○는 다음의 행동을 보인다.	전혀	매우 드물게	드물게	때때로	자주	항상
1. 상상력이 풍부하다.	☐	☐	☐	☐	☐	☐
2. 유머감각이 있다.	☐	☐	☐	☐	☐	☐
3. 기발하고 독특하며 재치 있는 반응을 보인다.	☐	☐	☐	☐	☐	☐
4. 모험심이 있어 위험도 무릅쓴다.	☐	☐	☐	☐	☐	☐
5. 어떤 문제나 질문이 있을 때, 아이디어 및 해결책을 많이 생각해낸다.	☐	☐	☐	☐	☐	☐
6. 남이 우습지 않은 상황에서도 유머를 찾는다.	☐	☐	☐	☐	☐	☐
7. 어떤 사물이나 자신의 생각을 적절하게 바꾸어 개선하거나 수정한다.	☐	☐	☐	☐	☐	☐
8. 지적인 놀이를 하며 공상, 상상하기를 좋아한다.	☐	☐	☐	☐	☐	☐
9. 비동조적이며 자신이 다른 사람과 다르다는 것을 두려워하지 않는다.	☐	☐	☐	☐	☐	☐
칼럼 점수 더하기	☐	☐	☐	☐	☐	☐
가중치 곱하기	1	2	3	4	5	6
가중치가 부가된 칼럼 점수 더하기	☐ +	☐ +	☐ +	☐ +	☐ +	☐
총점						☐

동기적 특성

○○는 다음의 행동을 보인다.	전혀	매우 드물게	드물게	때때로	자주	항상
1. 오랜 시간 한 주제에 집중한다.	☐	☐	☐	☐	☐	☐
2. 교사의 지시를 받지 않고 독립적으로 행동한다.	☐	☐	☐	☐	☐	☐
3. 어떤 주제나 문제에 지속적으로 흥미를 보인다.	☐	☐	☐	☐	☐	☐
4. 자신이 흥미 있는 주제에 관한 정보를 찾을 때 끈기를 보인다.	☐	☐	☐	☐	☐	☐
5. 어떤 과제에 실패했을 때도 끈기 있게 끝까지 하려고 한다.	☐	☐	☐	☐	☐	☐
6. 자신이 노력해서 생긴 결과에 책임지는 것을 좋아한다.	☐	☐	☐	☐	☐	☐
7. 흥미 있는 주제나 문제를 끝까지 완성하려고 한다.	☐	☐	☐	☐	☐	☐
8. 어떤 주제나 문제에 집중하여 몰두한다.	☐	☐	☐	☐	☐	☐
9. 흥미가 있을 땐, 장시간을 요하는 과제라도 붙들고 끝까지 한다.	☐	☐	☐	☐	☐	☐
10. 목표를 달성할 때까지 끈기를 보인다.	☐	☐	☐	☐	☐	☐
11. 처음에 흥미를 느끼는 일은 외부로부터의 동기유발이 없이도 자기혼자 잘 한다.	☐	☐	☐	☐	☐	☐
칼럼 점수 더하기	☐	☐	☐	☐	☐	☐
가중치 곱하기	1	2	3	4	5	6
가중치가 부가된 칼럼 점수 더하기	☐ +	☐ +	☐ +	☐ +	☐ +	☐
총점						☐

리더십 특성

○○는 다음의 행동을 보인다.	전혀	매우 드물게	드물게	때때로	자주	항상
1. 책임감이 있어 자기에게 주어진 활동을 책임 있게 잘 수행한다.	☐	☐	☐	☐	☐	☐
2. 친구들이 존중해 준다.	☐	☐	☐	☐	☐	☐
3. 자신의 생각을 명확하게 표현하여 잘 전달한다.	☐	☐	☐	☐	☐	☐
4. 친구들과 상호작용할 때 자신감이 있다.	☐	☐	☐	☐	☐	☐
5. 사물, 사람 및 상황을 체계적으로 조직한다.	☐	☐	☐	☐	☐	☐
6. 다른 사람과 협동하여 함께 잘 지낸다.	☐	☐	☐	☐	☐	☐
7. 자기가 관여하는 일에서 활동을 주도한다.	☐	☐	☐	☐	☐	☐
칼럼 점수 더하기	☐	☐	☐	☐	☐	☐
가중치 곱하기	1	2	3	4	5	6
가중치가 부가된 칼럼 점수 더하기	☐ +	☐ +	☐ +	☐ +	☐ +	☐
총점						☐

미술적 특성

○○는 다음의 행동을 보인다.	전혀	매우 드물게	드물게	때때로	자주	항상
1. 미술활동에 참여하는 것을 좋아하고, 시각적으로 잘 표현한다.	☐	☐	☐	☐	☐	☐
2. 여러 가지 요소를 함께 잘 통합하며, 주제와 내용이 다양하다.	☐	☐	☐	☐	☐	☐
3. 전통적, 상습적인 방식이 아닌 독특한 방식으로 미술문제를 해결한다.	☐	☐	☐	☐	☐	☐
4. 오랜 시간동안 미술활동에 집중한다.	☐	☐	☐	☐	☐	☐
5. 사용하기 어려운 매개물, 여러 자료와 기술을 실험해 본다.	☐	☐	☐	☐	☐	☐
6. 자유활동 및 학급활동으로 미술을 선택한다.	☐	☐	☐	☐	☐	☐
7. 환경에 민감하여, 예민하게 관찰하고 다른 사람이 잘 보지 않는 것이나 예외적인 것을 본다.	☐	☐	☐	☐	☐	☐
8. 미술 작품에 균형과 질서감이 있다.	☐	☐	☐	☐	☐	☐
9. 높은 질적 기준을 세워 자신의 작품을 비평하며 종종 작품을 정련하기 위해 다시 작업한다.	☐	☐	☐	☐	☐	☐
10. 다른 학생의 작품에 흥미를 갖고 그들 작품을 연구하고 토론한다.	☐	☐	☐	☐	☐	☐
11. 다른 사람의 생각을 모방하는 것이 아니라 거기서 아이디어를 얻어 자신의 생각을 정교하게 만든다.	☐	☐	☐	☐	☐	☐
칼럼 점수 더하기	☐	☐	☐	☐	☐	☐
가중치 곱하기	1	2	3	4	5	6
가중치가 부가된 칼럼 점수 더하기	☐ +	☐ +	☐ +	☐ +	☐ +	☐
총점						☐

음악적 특성

○○는 다음의 행동을 보인다.	전혀	매우 드물게	드물게	때때로	자주	항상
1. 음악에 지속적인 관심이 있어, 음악을 듣고 연주하는 것을 좋아한다.	☐	☐	☐	☐	☐	☐
2. 음질, 즉 고조, 크기, 음색, 박자 등의 미묘한 차이를 지각한다.	☐	☐	☐	☐	☐	☐
3. 선율을 쉽고 정확하게 기억한다.	☐	☐	☐	☐	☐	☐
4. 음악 활동에 열의를 갖고 참여한다.	☐	☐	☐	☐	☐	☐
5. 악기 연주하는 것을 매우 좋아한다.	☐	☐	☐	☐	☐	☐
6. 리듬에 민감하며 신체적 움직임을 통해 박자 변화에 반응한다.	☐	☐	☐	☐	☐	☐
7. 다양한 소리를 인식하고 구분할 수 있다—배경음악, 성악가 및 악기소리에 민감하며 선율에 박자를 맞춘다.	☐	☐	☐	☐	☐	☐
칼럼 점수 더하기	☐	☐	☐	☐	☐	☐
가중치 곱하기	1	2	3	4	5	6
가중치가 부가된 칼럼 점수 더하기	☐ +	☐ +	☐ +	☐ +	☐ +	☐
총점					☐	

드라마적 특성

○○는 다음의 행동을 보인다.	전혀	매우 드물게	드물게	때때로	자주	항상
1 자원하여 학급활동에 참여한다.	☐	☐	☐	☐	☐	☐
2. 어떤 경험을 쉽게 이야기하고 설명한다.	☐	☐	☐	☐	☐	☐
3. 효과적으로 몸동작이나 얼굴 표정을 지어 감정을 나타낸다.	☐	☐	☐	☐	☐	☐
4. 즉석에서 역할을 잘 이해하여 연기한다.	☐	☐	☐	☐	☐	☐
5. 자기 자신을 배우의 분위기 및 동기에 동일시한다.	☐	☐	☐	☐	☐	☐
6. 연령에 비해, 동작을 조절하여 포즈를 취한다.	☐	☐	☐	☐	☐	☐
7. 이야기를 본 따서 만들거나 자신의 독특한 연극을 만든다.	☐	☐	☐	☐	☐	☐
8. 말할 때 사람의 주의를 끈다.	☐	☐	☐	☐	☐	☐
9. 듣는 사람에게서 정서적인 반응을 이끌어낸다—웃거나, 찡그리거나, 긴장을 느끼게 하기 등.	☐	☐	☐	☐	☐	☐
10. 다른 사람을 따라 할 수 있다—다른 사람의 말하기, 걷기, 몸동작 등을 모방할 수 있다.	☐	☐	☐	☐	☐	☐
칼럼 점수 더하기	☐	☐	☐	☐	☐	☐
가중치 곱하기	1	2	3	4	5	6
가중치가 부가된 칼럼 점수 더하기	☐ +	☐ +	☐ +	☐ +	☐ +	☐
총점					☐	

의사소통 특성(정확성)

○○는 다음의 행동을 보인다.	전혀	매우 드물게	드물게	때때로	자주	항상
1. 직접적으로 요점을 말하거나 적는다.	☐	☐	☐	☐	☐	☐
2. 보다 잘 이해하기 위해 표현을 수정한다.	☐	☐	☐	☐	☐	☐
3. 정확한 방식으로 그렇지만 본질적인 생각을 유지하면서 개정하거나 편집한다.	☐	☐	☐	☐	☐	☐
4. 사물을 분명하고 정확하게 표현한다.	☐	☐	☐	☐	☐	☐
5. 색깔, 감정, 그리고 미적인 수식어를 사용한다.	☐	☐	☐	☐	☐	☐
6. 생각이나 욕구를 분명하고 정확하게 표현한다.	☐	☐	☐	☐	☐	☐
7. 다른 사람이 이해할 수 있도록 여러 표현방식을 찾을 수 있다.	☐	☐	☐	☐	☐	☐
8. 몇 개의 적절한 단어로 사물을 기술할 수 있다.	☐	☐	☐	☐	☐	☐
9. 여러 비슷한 말을 사용하여 뜻의 미묘한 차이를 표현할 수 있다.	☐	☐	☐	☐	☐	☐
10. 여러 다른 방식으로 생각을 표현할 수 있다.	☐	☐	☐	☐	☐	☐
11. 어떤 의미와 밀접하게 관련 있는 단어를 많이 알고 사용한다.	☐	☐	☐	☐	☐	☐
칼럼 점수 더하기	☐	☐	☐	☐	☐	☐
가중치 곱하기	1	2	3	4	5	6
가중치가 부가된 칼럼 점수 더하기	☐ +	☐ +	☐ +	☐ +	☐ +	☐
총점						☐

의사소통 특성(표현력)

OO는 다음의 행동을 보인다.	전혀	매우 드물게	드물게	때때로	자주	항상
1. 의미 전달을 위해 목소리를 다르게 사용한다.	☐	☐	☐	☐	☐	☐
2. 손짓, 몸짓 및 얼굴 표정을 지어 비언어적으로 정보를 전달한다.	☐	☐	☐	☐	☐	☐
3. 재미있게 이야기를 한다.	☐	☐	☐	☐	☐	☐
4. 동음이의어와 말들의 비슷한 특징 등을 다채롭고 기발하게 사용한다.	☐	☐	☐	☐	☐	☐
칼럼 점수 더하기	☐	☐	☐	☐	☐	☐
가중치 곱하기	1	2	3	4	5	6
가중치가 부가된 칼럼 점수 더하기	☐ +	☐ +	☐ +	☐ +	☐ +	☐
총점					☐	

계획 특성

OO는 다음의 행동을 보인다.	전혀	매우 드물게	드물게	때때로	자주	항상
1. 과제를 마치기 위해서는 어떤 정보와 자료가 필요한지 결정한다.	☐	☐	☐	☐	☐	☐
2. 전체와 개별 단계의 관계를 파악한다.	☐	☐	☐	☐	☐	☐
3. 과정에 필요한 모든 단계를 실시할 때 시간 배정을 한다.	☐	☐	☐	☐	☐	☐
4. 행동 결과나 효과를 예측한다.	☐	☐	☐	☐	☐	☐
5. 자신의 활동을 잘 조직한다.	☐	☐	☐	☐	☐	☐
6. 목표 달성을 위해 필요한 것을 꼼꼼하게 생각한다.	☐	☐	☐	☐	☐	☐
7. 여러 움직임을 미리 예측하는 전략게임을 잘한다.	☐	☐	☐	☐	☐	☐
8. 목표 달성을 위해 여러 대안책을 인지한다.	☐	☐	☐	☐	☐	☐
9. 절차나 활동에서 생길 수 있는 어려움을 정확하게 지적한다.	☐	☐	☐	☐	☐	☐
10. 어떤 프로젝트의 단계적 순서나 시간배정을 정한다.	☐	☐	☐	☐	☐	☐
11. 활동을 여러 단계의 절차로 잘 나눈다.	☐	☐	☐	☐	☐	☐
12. 여러 활동을 구성할 때 우선순위를 정한다.	☐	☐	☐	☐	☐	☐
13. 집단이나 개인 프로젝트를 할 때 시간, 공간, 자료 및 능력의 제한점을 인식한다.	☐	☐	☐	☐	☐	☐
14. 어떤 계획이나 절차를 개발할 때, 구체적인 도움을 제공한다.	☐	☐	☐	☐	☐	☐
15. 과제를 완수하기 위해 활동이나 사람을 분배할 수 있는 여러 대안들을 찾는다.	☐	☐	☐	☐	☐	☐
칼럼 점수 더하기	☐	☐	☐	☐	☐	☐
가중치 곱하기	1	2	3	4	5	6
가중치가 부가된 칼럼 점수 더하기	☐ +	☐ +	☐ +	☐ +	☐ +	☐
총점						☐

수학적 특성

OO는 다음의 행동을 보인다.	전혀	매우 드물게	드물게	때때로	자주	항상
1. 도전적인 수학문제를 해결하는 것을 좋아한다(해결방법이 사전에 알려져 있지 않은 문제).	☐	☐	☐	☐	☐	☐
2. 수학적인 패턴을 파악하기 위해 자료 및 정보를 잘 조직한다.	☐	☐	☐	☐	☐	☐
3. 도전적인 수학 퍼즐, 게임 및 논리 문제를 좋아한다.	☐	☐	☐	☐	☐	☐
4. 새로운 수학 개념 및 과정을 다른 학생들보다 쉽게 이해한다.	☐	☐	☐	☐	☐	☐
5. 창의적인 방식(이례적이고 확산적인)으로 수학문제를 해결한다.	☐	☐	☐	☐	☐	☐
6. 강한 수감각을 보인다(예: 큰 수와 작은 수를 감지하고 쉽고 적절하게 예상한다).	☐	☐	☐	☐	☐	☐
7. 조작 및 구체적인 자료의 도움 없이, 추상적으로 수학문제를 자주 해결한다.	☐	☐	☐	☐	☐	☐
8. 문제의 수학적 구조를 분석하는데 관심이 있다.	☐	☐	☐	☐	☐	☐
9. 수학문제를 해결할 때, 적절하거나 필요한 경우에 쉽게 책략을 바꾼다.	☐	☐	☐	☐	☐	☐
10. 정규적으로 여러 표상을 사용하여 수학적 개념을 설명한다(설명, 그림, 그래픽, 방정식 등).	☐	☐	☐	☐	☐	☐
칼럼 점수 더하기	☐	☐	☐	☐	☐	☐
가중치 곱하기	1	2	3	4	5	6
가중치가 부가된 칼럼 점수 더하기	☐ +	☐ +	☐ +	☐ +	☐ +	☐
총점						☐

과학적 특성

○○는 다음의 행동을 보인다.	전혀	매우 드물게	드물게	때때로	자주	항상
1. 과학적 과정에 호기심을 보인다.	☐	☐	☐	☐	☐	☐
2. 과학적 논쟁 및 화제에 창의적인 사고를 보인다.	☐	☐	☐	☐	☐	☐
3. 과학적 문제를 토론할 때 열의가 있다.	☐	☐	☐	☐	☐	☐
4. 왜 사물이 그런지에 대해 호기심을 갖는다.	☐	☐	☐	☐	☐	☐
5. 자유시간에 과학에 관련 있는 문제에 대해 읽는다.	☐	☐	☐	☐	☐	☐
6. 과학 프로젝트 혹은 연구에 흥미를 표현한다.	☐	☐	☐	☐	☐	☐
7. 간결하게 자료 해설을 명료화한다.	☐	☐	☐	☐	☐	☐
칼럼 점수 더하기	☐	☐	☐	☐	☐	☐
가중치 곱하기	1	2	3	4	5	6
가중치가 부가된 칼럼 점수 더하기	☐ +	☐ +	☐ +	☐ +	☐ +	☐
총점					☐	

읽기 특성

○○는 다음의 행동을 보인다.	전혀	매우 드물게	드물게	때때로	자주	항상
1. 읽기 관련 활동에 열정적으로 참여한다.	☐	☐	☐	☐	☐	☐
2. 이전에 배운 문학적 개념을 새로운 읽기 경험에 적용시킨다.	☐	☐	☐	☐	☐	☐
3. 장시간 집중하여 읽는다.	☐	☐	☐	☐	☐	☐
4. 높은 수준의 읽기 자료를 추구한다.	☐	☐	☐	☐	☐	☐
5. 도전적인 읽을거리를 접했을 때 끈기 있게 읽는다.	☐	☐	☐	☐	☐	☐
6. 흥미에 기초한 읽기 자료와 다른 유형의 것에도 관심을 보인다.	☐	☐	☐	☐	☐	☐
칼럼 점수 더하기	☐	☐	☐	☐	☐	☐
가중치 곱하기	1	2	3	4	5	6
가중치가 부가된 칼럼 점수 더하기	☐ +	☐ +	☐ +	☐ +	☐ +	☐
총점					☐	

테크놀로지적 특성

○○는 다음의 행동을 보인다.	전혀	매우 드물게	드물게	때때로	자주	항상
1. 넓은 범위의 테크놀로지 기술을 보인다.	☐	☐	☐	☐	☐	☐
2. 형식적인 훈련 없이도 새로운 소프트웨어를 배운다.	☐	☐	☐	☐	☐	☐
3. 자유시간을 사용하여 새로운 테크놀로지 기술을 개발한다.	☐	☐	☐	☐	☐	☐
4. 문제와 관련 있는 테크놀로지를 활용하여 다른 사람을 돕는다.	☐	☐	☐	☐	☐	☐
5. 테크놀로지를 통합하여 창의적인산출물/과제/발표를 한다.	☐	☐	☐	☐	☐	☐
6. 테크놀로지를 활용할 기회를 열정적으로 추구한다.	☐	☐	☐	☐	☐	☐
7. 같은 연령의 다른 학생들보다 수준 높은 테크놀로지 기술을 보인다.	☐	☐	☐	☐	☐	☐
칼럼 점수 더하기	☐	☐	☐	☐	☐	☐
가중치 곱하기	1	2	3	4	5	6
가중치가 부가된 칼럼 점수 더하기	☐ +	☐ +	☐ +	☐ +	☐ +	☐
총점					☐	

부록 D

교사평정연습

영재아 행동특성 평정척도를 위한 교사평정연습

학습 특성

과제 1: 개인적으로 각 항목과 가장 잘 상응하는 핵심개념을 선택한다.

과제 2: 소그룹으로 학생의 각 행동을 관찰할 수 있는 특별한 예들에 대해 토론한다.

핵심 개념		
A. 분석적	E. 개념적 이해	I. 귀납적
B. 지식적	F. 폭넓은 지식	J. 명확성
C. 적용력	G. 추론력	K. 통찰적
D. 기억	H. 추상적 사고	

○○는 다음의 행동을 보인다.

1. 나이나 학년에 비해 높은 수준의 어휘를 사용한다. ________
2. 사건, 사물과 사람에 대해 유사점과 차이점을 알아내서 일반화한다. ________
3. 어떤 특별한 주제에 관해 많은 정보를 가지고 있다. ________
4. 기본 원리를 파악한다. ________
5. 인과관계를 통찰한다. ________
6. 논리적으로 추론하여 복잡한 문제를 이해한다. ________
7. 다양한 주제에 대해 많은 정보를 가지고 있다. ________
8. 추상적인 개념을 잘 다룬다. ________
9. 사실에 입각한 정보를 잘 기억한다. ________
10. 예민하고 통찰적으로 관찰을 한다. ________
11. 한 상황에서 배운 것을 다른 상황에 전이할 수 있다. ________

영재아 행동특성 평정척도를 위한 교사평정연습

창의적 특성

과제 1: 개인적으로 각 항목과 가장 잘 상응하는 핵심개념을 선택한다.

과제 2: 소그룹으로 학생의 각 행동을 관찰할 수 있는 특별한 예들에 대해 토론한다.

핵심 개념		
A. 유연성	D. 기민성	G. 독창성
B. 상상력	E. 비인습주의자	H. 유창성
C. 모험가	F. 상상하기 좋아하는	I. 기지

○○는 다음의 행동을 보인다.

1. 상상력이 풍부하다 ______
2. 유머감각이 있다. ______
3. 기발하고 독특하며 재치 있는 반응을 보인다. ______
4. 모험심이 있어 위험도 무릅쓴다. ______
5. 어떤 문제나 질문이 있을 때, 아이디어 및 해결책을 많이 생각해낸다. ______
6. 남이 우습지 않은 상황에서도 유머를 찾는다. ______
7. 어떤 사물이나 자신의 생각을 적절하게 바꾸어 개선하거나 수정한다. ______
8. 지적인 놀이를 하며 공상, 상상하기를 좋아한다. ______
9. 비동조적이며 자신이 다른 사람과 다르다는 것을 두려워하지 않는다. ______

영재아 행동특성 평정척도를 위한 교사평정연습

동기적 특성

과제 1: 개인적으로 각 항목과 가장 잘 상응하는 핵심개념을 선택한다.

과제 2: 소그룹으로 학생의 각 행동을 관찰할 수 있는 특별한 예들에 대해 토론한다.

핵심 개념		
A. 목표지향적	E. 내적 동기	I. 몰두
B. 변함 없는 열정	F. 과제 집착력	J. 끈질긴 추구
C. 자기 주도적	G. 집중력	K. 굽힐 줄 모르는 호기심
D. 독립성	H. 끊임없는 호기심	

OO는 다음의 행동을 보인다.

1. 오랜 시간 한 주제에 집중한다. ________
2. 교사의 지시를 받지 않고 독립적으로 행동한다. ________
3. 어떤 주제나 문제에 지속적으로 흥미를 보인다. ________
4. 자신이 흥미 있는 주제에 관한 정보를 찾을 때 끈기를 보인다. ________
5. 어떤 과제에 실패했을 때도 끈기 있게 끝까지 하려고 한다. ________
6. 자신이 노력해서 생긴 결과에 책임지는 것을 좋아한다. ________
7. 흥미 있는 주제나 문제를 끝까지 완성하려고 한다. ________
8. 어떤 주제나 문제에 집중하여 몰두한다. ________
9. 흥미가 있을 땐, 장시간을 요하는 과제라도 붙들고 끝까지 한다. ________
10. 목표를 달성할 때까지 끈기를 보인다. ________
11. 처음에 흥미를 느끼는 일은 외부로부터의 동기유발이 없이도 자기 혼자 잘 한다. ________

영재아 행동특성 평정척도를 위한 교사평정연습

리더십 특성

과제 1: 개인적으로 각 항목과 가장 잘 상응하는 핵심개념을 선택한다.

과제 2: 소그룹으로 학생의 각 행동을 관찰할 수 있는 특별한 예들에 대해 토론한다.

핵심 개념		
A. 침착	D. 촉진자	F. 지시자
B. 신뢰성	E. 매우 주목 받는	G. 명확성
C. 협동적		

OO는 다음의 행동을 보인다.

1. 책임감이 있어 자기에게 주어진 활동을 책임 있게 잘 수행한다. ________
2. 친구들이 존중해 준다. ________
3. 자신의 생각을 명확하게 표현하여 잘 전달한다. ________
4. 친구들과 상호작용할 때 자신감이 있다. ________
5. 사물, 사람 및 상황을 체계적으로 조직한다. ________
6. 다른 사람과 협동하여 함께 잘 지낸다. ________
7. 자기가 관여하는 일에서 활동을 주도한다. ________

영재아 행동특성 평정척도를 위한 교사평정연습의 핵심개념

학습 특성

1. J
2. I
3. B
4. E
5. G
6. A
7. F
8. H
9. D
10. K
11. C

창의적 특성

1. B
2. I
3. G
4. C
5. H
6. D
7. A
8. F
9. E

동기적 특성

1. G
2. C
3. H
4. K
5. B
6. D
7. J
8. I
9. F
10. A
11. E

리더십 특성

1. B
2. E
3. G
4. A
5. D
6. C
7. F

부록 E

지역규준 퍼센타일 순위 계산

1. 가능한 한 점수를 내림차순으로 작성한다(칼럼 1)—간격을 두고 점수를 집단으로 나눌 수 있다.
2. 각 점수를 얻은 학생의 수를 적는다(칼럼 2).
3. 각 점수를 얻은 학생의 수를 모두 더한다(칼럼 3).
4. 가장 낮은 점수를 받은 칼럼 밑에서부터 계속하여 빈도수를 더한 후, 누적 빈도수를 적는다(칼럼 4)(예: 0+1=1, …, 2+1=3, 3+2=5 등). 이 누적빈도수는 특정점수보다 낮은 점수를 얻은 학생의 수를 나타낸다.
5. 각 점수별 퍼센타일 순위를 계산한다(칼럼 5). 아래는 27점에 대한 예이다.
   (a) 점수의 반분 빈도수(One-half Frequency)를 계산한다(1/2 x 5 = 2.5).
   (b) 이 점수 바로 밑의 누적 도수를 (a)에 더한다(예: 2.5+11 = 13.5).
   (c) 전체 학생수로 결과 (b)를 나눈다(13.5 ÷ 25 = .54).
   (d) 결과 (c)에 100을 곱한다(.54 × 100 = 54).

원점수	명수	빈도수	누적 도수	**퍼센타일 순위** (그 점수를 받은 사람 수의 1/2+그 점수보다 낮은 점수를 받은 사람 수) ÷ 전체 사람 수
36	/	1	25	$98 = \frac{\frac{1}{2}(1)+24}{25} \times 100$
35		0	24	96
34		0	24	96
33		0	24	$96 = \frac{\frac{1}{2}(0)+24}{25} \times 100$
32	/	1	24	$94 = \frac{\frac{1}{2}(1)+23}{25} \times 100$
31	/	1	23	$90 = \frac{\frac{1}{2}(1)+22}{25} \times 100$
30		0	22	$88 = \frac{\frac{1}{2}(0)+22}{25} \times 100$
29	//	2	22	$84 = \frac{\frac{1}{2}(2)+20}{25} \times 100$
28	////	4	20	$72 = \frac{\frac{1}{2}(4)+16}{25} \times 100$
27	/////	5	16	$54 = \frac{\frac{1}{2}(5)+11}{25} \times 100$
26	///// /	6	11	$32 = \frac{\frac{1}{2}(6)+5}{25} \times 100$
25	//	2	5	$16 = \frac{\frac{1}{2}(2)+3}{25} \times 100$
24	/	1	3	$10 = \frac{\frac{1}{2}(1)+2}{25} \times 100$
23		0	2	8

원점수	명수	빈도수	누적 도수	**퍼센타일 순위** (그 점수를 받은 사람 수의 1/2+그 점수보다 낮은 점수를 받은 사람 수) ÷ 전체 사람 수
22		0	2	$8 = \frac{\frac{1}{2}(0)+2}{25} \times 100$
21	/	1	2	$6 = \frac{\frac{1}{2}(1)+1}{25} \times 100$
19		0	1	4
18		0	1	4
17		0	1	4
16		0	1	4
15		0	1	$4 = \frac{\frac{1}{2}(0)+1}{25} \times 100$
14	/	1	1	$2 = \frac{\frac{1}{2}(1)+0}{25} \times 100$

$N = 25$

출처: Nitko, A. J. (1996). *Educational assessment of students* (2nd ed.). New York: Merrill/Prentice Hall.

부록 F

영재판별을 위한 실제적인 체계

영재프로그램을 실시하는데 있어 많은 학교들은 학생의 요구를 확인하고 적절한 서비스를 제공하기 위해 고심해 왔다. 영재판별 계획들을 협소하게 사용해(지능검사 위주) 왔으며 그 결과, 영재아의 범위를 또한 협소하게 정의하게 되었다. 따라서 전통적인 방법으로 평가되지 않지만 학교 안 밖에서 잠재력을 보일 학생을 고려할 수 있는 보다 융통적인 방법을 고안하게 되었다.

다음에 기술할 영재판별시스템은 영재 특성연구(창의적이고 생산적인)에 근거하여, 특별한 서비스를 받을 학생을 판별하는 여러 대안을 제공할 것이다(Renzulli, 1986). 연구에 의하면, 매우 창의적인 사람은 3개의 서로 맞물려 있는 특성: 평균이상의 능력(Above Average Ability), 과제 집착력(Task Commitment), 그리고 창의성(Creativity)을 보인다. [그림 1]은 이들 서로 맞물려 있는 특성들을 그림으로 나타낸 것이며 다음과 같이 요약된다.

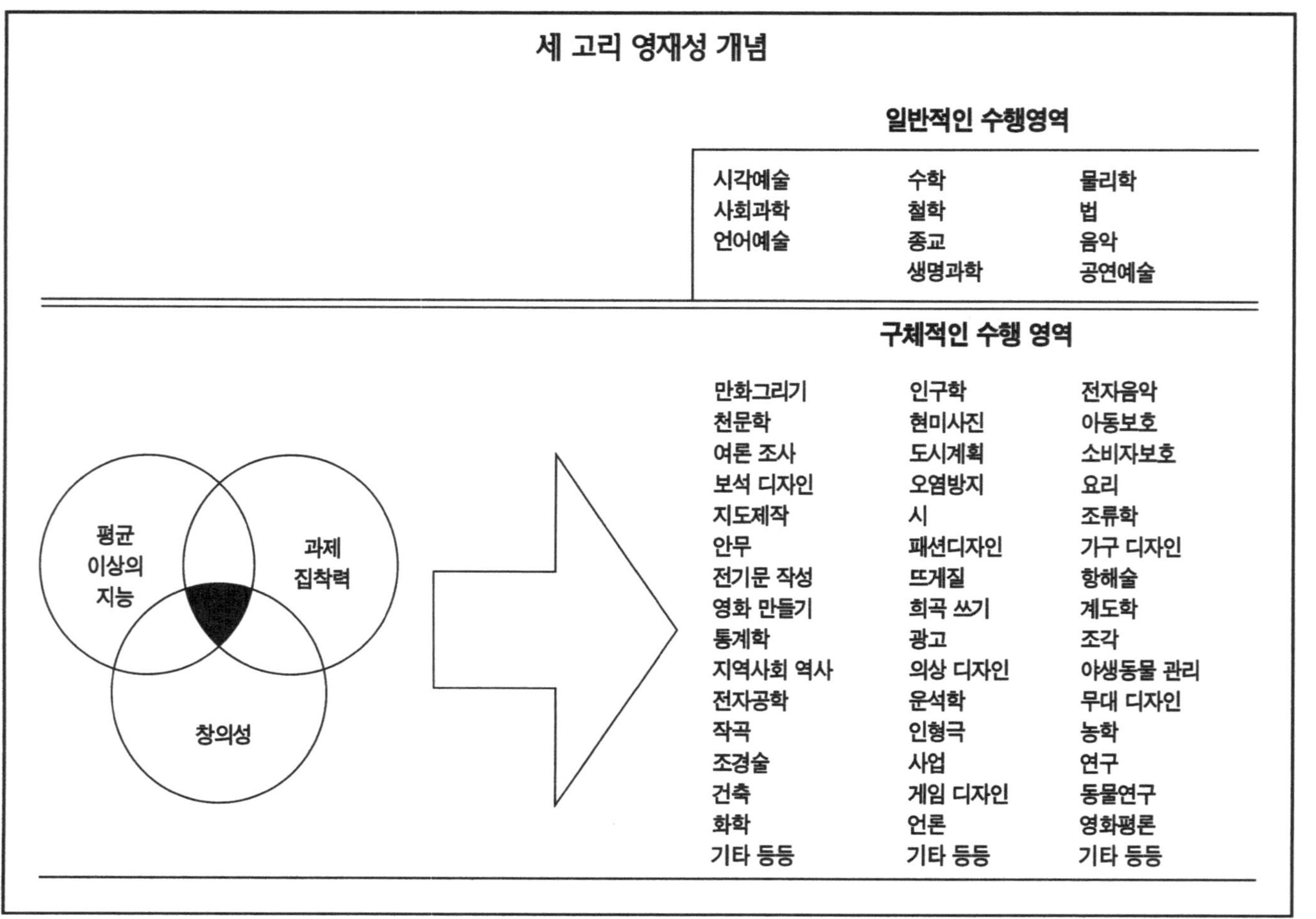

[그림 1] 세 고리 영재성 개념.

평균 이상의 지능

일반 능력

- 높은 수준의 추상적 사고능력, 언어 능력 및 수 추리 능력, 공간관계 지각, 기억력, 언어 유창성
- 외부, 신기한 상황에 적응
- 자동적인 정보처리; 빠르고, 정확하며, 선택적으로 정보를 인출

특수 능력

- 위의 일반 능력을 결합하여 한 개 이상의 특별한 지식 영역이나 성취 영역(예: 예술, 리더십, 행정)에 적용
- 어떤 특정 문제, 영역에서 문제를 해결하거나 성취하고자 할 때, 지식, 기술, 방법 등을 획득하고 적절하게 사용하는 능력
- 어떤 특정 문제나 영역에 관련된 정보의 적합성 여부를 구분하는 능력

과제 집착력

- 특정 영역, 문제 등에 높은 흥미, 열의 및 참여하는 능력
- 지구력, 지속력, 결단력, 열심히 하는 능력
- 과제를 수행하는 자신의 능력에 대한 강한 자기-확신, 자아 및 신념
- 이유에 근거하여 어느 것이 중요한 문제인지 확인하는 능력: 주어진 영역에서 새로운 발전을 위해 의사소통 방향을 전환하는 능력
- 자신의 활동에 대한 높은 기준 설정: 자아 및 외적 비판에 대한 개방성: 자신은 물론 다른 사람의 활동에 대한 미적 감각, 질적 기준의 발달

창의성

- 사고의 유창성, 유연성, 독창성
- 여러 경험에 개방적이며 새롭고 다른 사고, 행동, 작품에 대해 수용적

- 호기심, 사색적, 모험적, 그리고 상상하기 좋아함: 사고, 행동적 면에서, 심지어 위험을 감수
- 세부적인 것, 미적인 특성에 민감: 외부 자극 및 자신의 생각과 감정에 잘 반응

위의 특성에서 볼 수 있듯이, 개별 항목이 서로 겹치고 여러 범주나 특성에서 상호작용한다. 영재아로 판별되기 위해서 위의 모든 특성이 필요한 것은 아니다. 결과적으로 세 고리 영재 개념은 어떤 하나의 특성보다는 이 특성들 간의 상호작용을 강조한다. 그러나 본 판별시스템에서는 평균이상의 능력은 항등원(Constant)이다. 즉 평균이상의 능력은 판별과정의 시작점이며 초점이 되는 집단으로 테스트 점수나 비테스트 기준을 통해 학생을 선별하게 된다. 과제 집착력과 창의성은 특별프로그램의 발달적 목표이다. 평균이상의 능력을 지닌 학생에게 적절한 경험 및 프로그램을 제공함으로써(Renzulli, 1977), 판별시스템은 창의성과 과제 집착력을 증진시키게 되고 영재행동의 발달을 가져올 수 있다.

본 판별시스템은 바로 세 고리 영재 개념을 전환하여 특별프로그램에 참여할 학생을 선정하는 실제적인 절차로 개발되었다. 본 시스템의 요지는 재능반(Talent Pool)으로 이들은 여러 다양한 보충 서비스를 받는다. 본 판별시스템의 세 개의 목표는 다음과 같다.

1. 재능반 학생 및 다른 판별 방법으로 선정된 기타 학생들의 창의성과 과제 집착력을 개발한다.
2. 학습경험을 신장하고 창의성, 과제 집착력과 평균이상의 능력 이들 간의 상호작용을 증진하는 시스템을 지원한다.
3. 영재 행동을 개발 및 적용할 기회, 격려와 자원을 제공한다.

판별시스템을 적용하기 전에, 다음의 세 가지 사항을 고려해야 한다. 첫째, 재능반은 일반적으로 학생에 따라 학교마다 다양하다. 대개 성취수준 프로파일의 15%를 그 기준으로 사용하지만, 특히 상위능력 학생이 많은 경우에는 재능반의 범위를 확대할 수 있다. 심지어 성취수준이 전국규준에 미치지 못하더라도, 정규프로그램 이상의 서비스가 필요한 상위능력을 가진 학생이 있다. 재능반은 학생 수에 따라 정해지지만, 이 때 여러 다른 사항들도 영향을 미친다—교육자료의 유용성과 교사가 어느 정도 (a) 상위능력 학생을 위해 정규교육과정을 수정하고자 하는지, (b) 다양한 종류의 심화 및 사사활동(Mentoring activity)에 참여하는지, 그리고 (c) 특별한 프로그램 업무를 가지고 있을지도 모를 교직원들과 협동적으로 작업하는지 등.

교사 지명이 판별시스템에서 중요한 역할을 한 이래, 그 다음에 고려해야 할 점은 바로 프로그램 및 지명절차에 대한 오리엔테이션과 교사연수이다. 전혀 교사가 이와 같은 것에 대한 경험이 없다면, 학교는 부록 D에 제시된 영재행동특성에 대해 교육을 실시해야 한다.

셋째, 학생이 받을 프로그램의 유형이다. 학생을 선정하는 방법은 프로그램에 적절해야 한다. 예를 들어, 창의적 평가도구는 속진 수학 프로그램에 대한 어떤 정보도 제공할 수 없으며, 특별 예술 프로그램의 경우엔 비테스트 유형에 더 의존하게 된다.

다음 단계는 15% 재능반을 어떻게 구성하는지에 대한 내용으로 학교는 15% 대신 다른 수치를 사용할 수 있다.

단계 1: 테스트 점수 지명

빠르고 쉽게 테스트 점수만을 사용하여 15% 재능반 학생을 지명할 수 있다. 지역 규준 85% 이상의 점수를 얻은 학생은 지명될 수 있다. 그

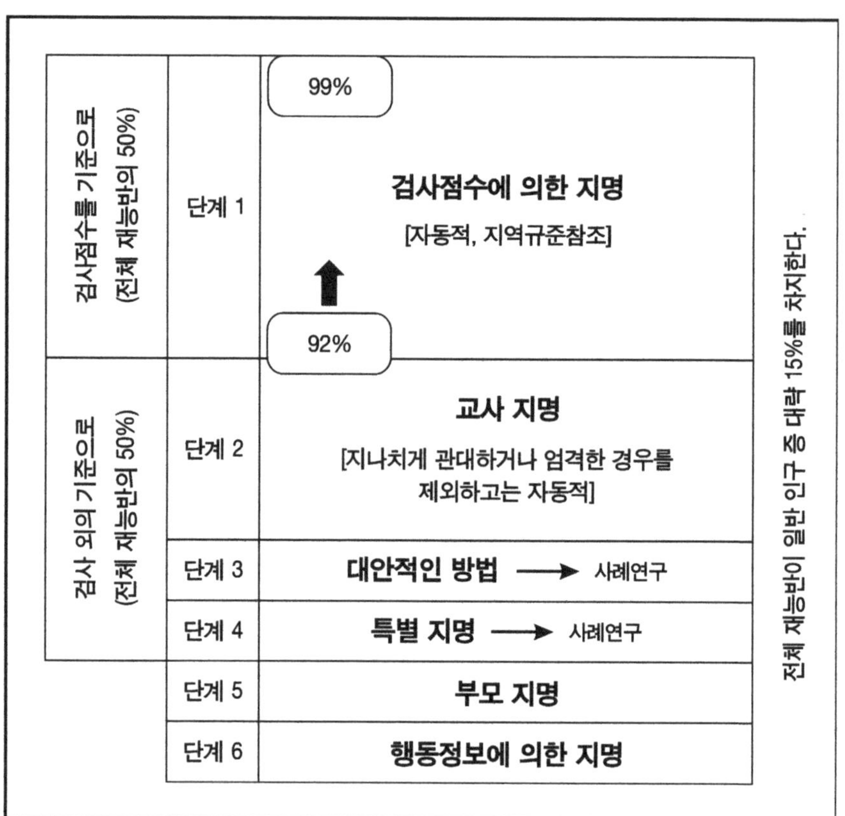

[그림 2] 재능반.

러나 판별시스템의 목적 중 하나는 아직 표준화 검사가 반영하지 못하는 잠재력을 가진 학생을 위한 여지를 두자는 것이다. 그러므로 크게 재능반을 반으로 분리해서[그림 2], 92% 그 이상인 학생을 재능반에 모두 배정한다. 이 접근법에 따르면, 똑똑한 학생은 자동적으로 선정되며 대략 재능반의 50%에 해당된다.

또한 똑똑하지만 성취수준이 낮은 학생도 선정된다. 학교는 정규적으로 지정된 표준검사(예: 지능검사, 성취도 검사, 태도 검사)를 사용할 수 있지만 단 하나의 검사나 하위검사점수에 의해 학생을 선별하지 말아야 한다. 언어적이든 비언어적 능력에서든 어느 한 영역(예: 공간, 기계적 능력)에서 뛰어난 학생도 선정해야 한다.

예술, 리더십 및 체육과 같은 특별 영역에 중점을 두는 프로그램의 경우, 비테스트 기준을 사용한다. 테스트 점수가 용이하지 않은 경우나 타당도에 문제가 있을 때는, 비테스트 기준을 다음 단계로 사용한다. 이상의 방법은 특히 초등학생이나 가난한 학생 혹은 다른 문화적 배경을 가진 학생에게 중요하다.

단계 2: 교사 지명

테스트 점수에 의해 학생을 선정한 후에, 단계 2에서는 교사들이 테스트로 쉽게 파악이 안 되는 특성(예: 창의성, 과제 집착력, 특별한 흥미나 재능, 어떤 특정 영역에서 잘하거나 잠재력을 가진 경우)을 가진 학생을 지명한다. 교사가 학생을 지명하기 전에, 학교는 영재행동을 인식하도록 교사를 교육시킨다. 재능반 학생 선정시, 교사지명을 테스트 점수 지명과 똑같이 취급한다. 즉, 테스트 점수가 "진짜 영재"를 지명하는 것이고 교사지명은 그냥 적정수준이거나 잠재적으로 영재인 학생을 지명하는 것이 아니다. 학생의 독특한 요구나 잠재력에 근거한 구분 외에 기회, 자원, 서비스 프로그램에 어떠한 차이도 두지 않는다. 예를 들어, 창의적으로 작문을 하는 학생의 잠재력을 보고 교사가 영재반에 지명하였다면, 수학 테스트에서 92% 이상을 받는 학생의 수학 능력과 비교하지 않아야 한다.

교사지명 양식(Renzulli & Reis, 1997, p. 61)과 영재아 행동평정도구의 특정 척도를 사용한다. 낮은 점수를 얻은 학생을 제외시킬 목적으로 이 척도를 사용하지 말아야 한다. 대신 지명된 학생의 프로파일을 얻는 데 사용한다. 학생을 너무 많이 지명한 경우, 학교는 다시 지명하도록 요청하며, 학교 위원회가 검토한다. 단계 4는 너무 많은 학생을 지명하였거나 그렇지 않은 경우를 위한 절차를 기술한다.

단계 3: 대안적 경로

이 판별시스템을 사용하는 모든 학교들이 서비스를 받을 학생을 선정하기 위해 테스트 점수나 교사지명을 이용하는 반면, 대안적 경로는 지역적 선택사항이며 각각의 학교나 주는 다양하게 이것을 활용할 수 있다. 지역 계획 위원회는 학년 수준에서의 변동사항을 고려하여 학교가 사용할 수 있는 대안적 경로를 선택한다. 예를 들어, 자기 지명은 초등학교 학생에게는 적당한 대안이 될 수 없고 중·고등학교 단계에서 속진반을 고려하는 학생에게 더 적당하다.

대안적 경로는 일반적으로 부모 지명, 또래 지명, 창의성 테스트, 자기 지명, 산출물 평가와 선별 위원회가 적당하다고 고려하는 모든 과정이 포함된다. 이런 대안적 경로와 테스트 점수 및 교사 지명 사이의 큰 차이점은, 전자는 자동 선정(automatic admission)을 제공하지 않는다는 것이다. 달리 말하면, 대안 경로를 통해 지명된 학생은 우선 선발위원회에 의해 검토되고, 후에 위원회가 선정 당락을 좌우하게 된다. 대부분의 경우 선발위원회는 기록; 학생들, 부모들과의 인터뷰: 위원회가 추천하는 개인과제를 조사하는 등의 연구를 이행해야 한다. 어떤 경우에는 하나나 그 이상의 대안적 경로를 통해 추천을 받는 학생들은 시범적 차원에서 프로그램에 참여할 수 있다.

단계 4: 특별 지명-안전밸브 1

기타 지명은 판별시스템에서 안전밸브 역할을 한다. 단계 1에서 3까지의 절차를 통해 지명된 학생목록을 받은 이전 학년 교사는 아직 지명되지 않는 학생, 재능반에서 가르쳤던 경험 및 심화교육 때 만난 학생에 대한 경험에 근거하여 학생을 지명할 수 있다. 최종적으로 검토한 후에, 이와 같은 방법을 사용함으로써, 어떤 특정 학생의 능력, 스타일, 심지어 성격을 파악하지 못한 현재 교사의 의견을 우회하며, 개인적, 가정적 문제로 인해 미성취 양태를 보이는 학생까지도 포괄할 수 있다. 게다가, 너무 많이 학생을 지명하는 경우와 그렇지 않는 경우가 갖는 일반적인 편견을 극복한다. 특별 지명을 바로 수용하는 것은 아니며 선발 위원회가 사례연구를 실시하고 최종 선택을 결정한다.

단계 5: 통지와 부모 오리엔테이션

재능반 부모는 포괄적으로 프로그램을 기술한 통지서를 받는다. 편지에는 "영재"라는 말로 학생을 지칭하지 않으며 프로그램의 특징을 설명하고 오리엔테이션에 참석하도록 요청한다. 오리엔테이션에서, 학교는 세 고리 영재 개념을 소개하고 모든 프로그램 정책, 절차 및 활동을 소개한다. 부모는 어떻게 재능반에 입학이 허가되었는지 알아야 한다. 재능반은 1년 기준으로 구성되며, 재능반 학생추가는 학생참여와 발달평가의 결과에 따라 학기 중에 한다. 부모는 프로그램이나 자녀에 대한 부가적인 정보가 필요할 때, 자유롭게 개인적으로 약속시간을 정할 수 있다. 학교는 학생에게 유사한 오리엔테이션을 제공하며 이 때 다시 서비스와 활동에 대해 설명한다. "영재"로 학생을 부르는 것이 아니라 세 고리 영재 개념과 일반 그리고 특수영역에서의 잠재력을 개발하는 절차에 대한 토론을 통해, 영재행동 개발이 학생 자신의 책임일 뿐 아니라 프로그램의 목적임을 이해한다.

단계 6: 행동 정보 지명-안전밸브 2

학교의 노력에도 불구하고, 본 시스템은 하나나 그 이상의 이유로 인해, 재능반에 선정되어야 할 학생을 간과할 때가 있다. 이런 문제를 극복하기 위해, 모든 교사는 이와 관련된 교사훈련을 받아야 한다. 학교 전체 심화모델(Schoolwide Enrichment Model: Renzulli & Reis, 1997)은 특별한 서비스를 제공하는 여러 심화경험을 제공한다. 행동정보메시지(Action Information Message)라는 교사훈련활동과 도구(Renzulli & Reis, 1997)가 이상의 과정에 도움을 준다.

행동정보는 학생이 어떤 특정 주제나 영역, 문제, 아이디어, 학교 안밖에서 발생하는 문제 등에 매우 홍미가 있을 때 발생하는 역동적 상호작용이 그 특징이다. 성취참조 평가(Performance Based Assessment) 개념에 근거하며, 판별시스템에서 2차 안전밸브의 역할을 한다. 행동정보 메시지에 따라 학생을 바로 상위수준의 서비스에 배정하는 것이 아니다. 다른 대안책처럼, 학생의 상황을 주의 깊게 관찰하여 서비스가 가능한지 결정하는 것이다(재능반 내 풀아웃 집단(Pull-Out Group), 진보반(Advanced Class), 그리고 클러스터 집단(Cluster Group)에서도 행동 정보 메시지를 사용하여). 어떤 학생들이 개별적 혹은 소그룹으로 조사연구활동을 할 수 있는지 결정한다(3부 심화활동: Type III Enrichment in the Triad Model).

보다 융통적인 판별법을 위해

전통적인 판별방법을 따르는 판별시스템은 필연적으로 비테스트 기준을 적용했을 때 선정될 학생을 판별하지 못한다. 예를 들어, 개인 혹은 집단능력 테스트 실시를 위한 일종의 수단으로 교사지명을 사용하지만, 대부분의 경우, 테스트 점수가 결정적이다. 최종 결정을 내릴 때면, 선정절차는 많은 "좋은 것들"을 내버려 두며, 여러 기준을 적용하려는 것들도 옛날 테스트에 기초한 접근법으로 끝나버리고 만다.

여기서 기술한 판별시스템은 특별 프로그램에 학생을 선정하는 것과 관련된 여러 전통적인 문제점들을 극복하도록 돕는다. 일반적으로, 학생, 부모, 교사, 그리고 행정가들은 본 접근법에 상당한 만족을 표시하며(Renzulli, 1988), 만족의 원인으로 일정 비율 이하의 학생도 선정하고, 비테스트에 근거하여 프로그램을 받을 여지, 특별한 기회, 자료, 그리고 격려를 받아야 하는 학생을 알고 있는 사람이 영재교육에 보내는 비난을 제거할 수 있다는 점을 든다. 세 고리 영재 개념에 근거한 본 연구는 인간 잠재력을 중시하고 전통적으로 골칫거리였던 판별과 관련된 문제를 제거하면서 교사와 행정가들의 전례가 없는 지지를 받았다.

교사들은 여기서 기술한 판별절차를 실시하면서, 다음의 질문을 자주 하였다. "어떻게 이 접근법을 주 지침과 병행할 수 있는가?" 이 질문에 대답하기 전에, 지적할 것은 많은 사람들이 현재 실시되는 특별 프로그램의 판별절차의 엄격성에 불만족 한다는 것이다. 판별에 대한 연구들은(Bloom, 1985; Gardner, 1983; Guilford, 1977; Sternberg, 1985; Torrance, 1979; Treffinger, 1982), 대부분 프로그램이 따르는 규정을 재조사하여, 융통적인 판별접근법을 도모해야 함을 분명히 지적하고 있다.

학교들은 선정할 학생 수보다는 전체 학군등록에 따라 보완하는 방식을 개발하도록 노력해야 한다. 학생수에 따라 학생을 선정하는 접근법은 영재성을 발달 개념으로 보는 것이 아니라 불변의 상태로 취급함을 보여주는 것이다. 그 결과, 대부분의 엄격한 테스트 판별 절차를 사용하게 되었다. 학생수에 따라 선정하는 접근법을 버림으로써, 학군은 가난하고 문화적으로 다양한 배경에 처해 있는 학생에게 더 많은 동등한 기회를 제공함은 물론, 판별유형이나 프로그램 모델에 더 많은 융통성을 가져올 것이다.

확실히, 더 폭넓은 판별법은 과정 면에서 작은 변화를 가져왔지만 판별과 프로그램에서 더 많은 융통성을 가져온다. 그리고 이러한 융통성으로 인해, 잠재력을 가진 학생을 판별하고 서비스를 제공하는 새로운 모델을 기대할 수 있다.

참고문헌

Bloom, B. (Ed.) (1985). *Developing talent in young people.* New York: Ballantine.

Gardner, H. (1983). *Frames of mind.* New York: Basic Books.

Guilford, J. P. (1977). *Way beyond the IQ.* Buffalo, NY: Bearly Limited.

Renzulli, J. S. (1977). *The enrichment triad model: A guide for developing defensible programs for the gifted and talented.* Mansfield Center, CT: Creative Learning Press.

Renzulli, J. S. (1986). The three-ring conception of giftedness: A developmental model for creative productivity. In R. J. Sternberg. & J. Davidson (Eds.) *Conceptions of giftedness* (pp. 53-92). New York: Cambridge University Press.

Renzulli, J. S. (Ed.). (1988). *Technical report of research studies related to the enrichment triad/revolving door model* (3rd ed.). Teaching the Talented Program, University of Connecticut.

Renzulli, J. S., & Reis, S. M. (1997). *The schoolwide enrichment model: A comprehensive plan for educational excellence.* Mansfield Center, CT: Creative Learning Press.

Sternberg, R. (1985). A componential theory of intellectual giftedness. *Gifted Child Quarterly*, *25*, 86-93.

Torrance, E. P. (1979). *The search for satori and creativity.* Buffalo, NY: Bearly Limited.

Treffinger, D. J. (1982). Demythologizing gifted education: An editorial essay. *Gifted Child Quarterly*, *26*(1), 3-8.

역자 소개

이미순 (uconnmisoon@gmail.com)
University of Connecticut 교육심리(철학박사, 영재교육 전공)

♣ 저 · 역서 및 논문

교육과정 압축: 우수학생을 위한 정규교육과정 수정지침(2007)
다중메뉴모델: 차별화된 교육과정 개발을 위한 실제적인 지침(2007)
심화집단: 실제세계, 학생-주도적인 학습을 위한 실제적인 지침(2007)
재능개발을 위한 학교: 학교의 전반적인 개선을 위한 실제적인 계획(2007)
종합재능기록표: 영재아 판별과 교육을 위한 체계적인 계획(2007)
학습스타일 검사도구, 3판: 학생이 선호하는 교수방법 측정도구(2007)
흥미도구들: 교사용 지침(2007)
소외 영재 지도교사의 성공적인 지능 교수효능감(2006)
조기진급 및 조기졸업 유무에 따른 학업 동기와 자기조절적인 학습능력(2006)
Effects of Cultural Orientation on Psychosocial Adaptation of Korean Americans(2007) 외

개정판 영재아 행동특성 평정척도

Scales for Rating the Behavioral Characteristics of Superior Students—Revised

인 쇄 일 2007년 6월 15일 초판 인쇄
발 행 일 2007년 6월 20일 초판 발행
저 자 Joseph S. Renzulli · Linda H. Smith · Alan J. White
Carolyn M. Callahan · Robert K. Hartman · Karen L. Westberg 지음
역 자 이미순 옮김
발 행 인 구본하
발 행 처 도서출판 박학사
주 소 서울시 마포구 서교동 476-53 세화회관
전 화 (02)3142-3765
팩 스 (02)3142-3766
E-mail pakhaksa@kornet.net
웹사이트 www.pakhaksa.co.kr
등록번호 제10-2230호

정가 5,000원 ISBN 978-89-91633-31-5